『风土海沧』民俗调查丛书

凤桑东屿卷

主编 黄达绥 吴光辉

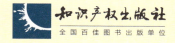

知识产权出版社

全国百佳图书出版单位

图书在版编目（CIP）数据

"风土海沧"民俗调查丛书.凤舞东屿卷／黄达绥，吴光辉 主编. —北京:知识产权出版社，2018.12

ISBN 978-7-5130-3976-5

Ⅰ.①风… Ⅱ.①黄… ②吴… Ⅲ.①乡村—风俗习惯—调查研究—厦门

Ⅳ.① K892.457.5

中国版本图书馆 CIP 数据核字（2018）第 252469 号

内容提要

厦门市海沧区"风土海沧"民俗调查组于 2011 年 10 月开始，在当地热心人士的带领下，在东屿村穿街入户，走遍了村庄的大街小巷和海边滩涂，实地采访了多位年老村民和知情人士，对东屿村的行政变迁、历史沿革、古迹宗祠、民俗风情、经济发展等情况进行了深入的调查。本书主要由田野调查、口述材料等第一手调查资料汇编而成，内容丰富、图文并茂、资料翔实。

责任编辑：刘晓庆　　　　　　　　责任印制：刘译文

"风土海沧"民俗调查丛书

凤舞东屿卷

FENGWU DONGYU JUAN

黄达绥　吴光辉　主编

出版发行：知识产权出版社 有限责任公司		网　　址：http://www.ipph.cn	
电　　话：010-82004826		http://www.laichushu.com	
社　　址：北京市海淀区气象路 50 号院		邮　　编：100081	
责编电话：010-82000860 转 8073		责编邮箱：liuxiaoqing@cnipr.com	
发行电话：010-82000860 转 8101		发行传真：010-82000893	
印　　刷：三河市国英印务有限公司		经　　销：各大网上书店、新华书店及相关专业书店	
开　　本：787mm×1000mm　1/32		印　　张：5	
版　　次：2018 年 12 月第 1 版		印　　次：2018 年 12 月第 1 次印刷	
字　　数：100 千字		定　　价：48.00 元	

ISBN 978-7-5130-3976-5

"风土海沧"民俗调查丛书

《凤舞东屿卷》编委会

| 主　　编 | 黄达绥　　吴光辉 |

| 编　　委 | 吴光辉　　黄达绥　　刘丽萍 |

| 采编人员 | 刘丽萍 |

序　言

　　闽南，锦绣中华的灿烂奇葩，扬名世界的创业热土！闽南，海上丝绸之路的起点，海外华夏游子的故乡！闽南，博采古越文化、中原文化、外来文化，形成了一体多元的文化融合；闽南，凝聚山岳部落、海岸文明、海洋文化，构建了自由开放的文化模式。晴天碧海、红砖古厝，组成了闽南的主流格调；南曲雅韵、绿芽春茗，谱写了闽南的无数传奇。

　　如果说闽南是中华文化的奇葩、扬名世界的热土，那么我们如今所要讲述的海沧，就是这一朵奇葩、一片热土的缩影。正如"海沧"这一名称所谕示的，它是一个资源丰富的天然港湾，它是一个物产繁多的无尽宝藏。同时，它也是我们毕生难以割舍的留恋之根，一世无法忘怀的风土之乡。

　　作为陆地门户，海沧自古以来就具有极为突出的重要地位。据《三都建义仓奏记》梁兆阳邑令之记载："澄地为漳门户，治之北有隔衣带地，周环四十里许，年所征赋予澄籍居十之三，名三都者。""三都"之名，始于南宋时期的保甲制度，该地设置海沧一都、二都、三都。到了明代，一都、二都、三都合并为一二三都，简称"三都"。作为三都之地的海沧，一直以来就流传着"九头九尾十八坑"之传说。所谓"头"，是指曲折海岸线中凸出的部分，"九头"是指石塘村的水头、排头、地头、渐美村的马地头、贞庵村的澳头、后井村的石甲头、许蓝头、地岸头、海沧村的大路头。所谓"尾"，是指沿海凸出一部的末端，"九尾"是指渐美、坂尾（锦里）、钟林尾（钟山）、后山尾、草仔尾、陈都尾（温厝村属）、路头尾（海沧村属）、下尾（吴冠村属）、山尾（吴冠村属）。所谓"坑"，是指低洼的地方，"十八坑"则分别指青礁村的龙湫坑（东宫故地），古楼村的后陵坑，困瑶村的西宁坑，锦里村的马坑、肖坑，温厝村的寮坑、宁坑、苏坑、蔡坑、徐坑，海沧农场的洪坑，后井村的内坑，渐美村的芦坑，石塘村的马内坑、花坑、斜坑、东坑。正是在这样的自然风土上，海沧构建起了独特的人文气息。

作为海上枢纽，海沧的战略地位一直备受世人关注。革命先驱孙中山在其《建国方略》对厦门港的规划中留下了这样一段记载："（厦门）此亦一老条约港也，在于思明岛。厦门有深广且良好之港面，管有相当之腹地，跨福建、江西两省南部，富有煤铁矿产。此港经营对马来群岛及南亚细亚半岛之频繁贸易，所有南洋诸岛、安南、缅甸、暹罗、马来各邦之华侨大抵来自厦门附近，故厦门与南洋之间载客之业极盛。如使铁路已经发展，穿入腹地煤铁矿区，则厦门必开发而为现在更大之海港。吾意须于此港面之西方建新式商埠，以为江西、福建南部丰富矿区之一出口。此港应施以新式设备，使能联陆海两面之运输以为一气。"其中的"此港面之西方建新式商埠""施以新式设备，使能联陆海两面之运输以为一气"，也就是在厦门港的西侧，即海沧建设一个新式港口，形成海陆联运的东方大港。

作为文化荟萃之地，海沧这一片热土始终充满着丰富多样的人文气息。海沧的文化之根在于陆地，源于中原。但是，海沧的文化并没有停留在陆地或者中原的文化传承，而是不断地向大海延伸、向海外扩展。如果说闽南是大海的故乡，那么海沧则也是一大批海外人士的故乡。钟山蔡氏、石塘谢氏、锦里林氏、祥露庄氏、贞庵江氏……不仅在海沧繁衍生息，同时也在数百年期间先后迁移到了中国台湾地区、东南亚等一带。为了不忘祖先福荫之恩、水源木本之义，海沧先民修建祠堂、重整家庙，构建起了闽南地区极为独特的宗教信仰与文化传承。在这片土地上，保生大帝的民间信仰、闽台送王船的风俗礼仪、海沧蜈蚣阁进香等活动，既充满了无比浓郁的地方传统氛围，同时也带有不断创新的现代人文特征，形成了具有自身独特风格的人文风土。

作为文明窗口，海沧的社会进程展现了中国乡村文明的深化与发展，并始终保持着与时俱进的步伐。三都之名凸显了海沧的历史渊源，行政变迁提示了海沧自乡村向城市不断发展的区域演变，经济腾飞再现了海沧改革开放、积极进取的时代精神，传统回归彰显了海沧人不忘根本、探索文化融合的质朴性格。如果说《建国方略》展示的是海沧在海西建设中的未来性，那么如今的海沧随着新开发区的建设，已经成为厦门联络中国台湾、中国香港特别行政区、日本、韩国、东南亚、印度乃至美国等国家和地区，构建福建乃至中国全球化发展的重要基地。所谓"文明窗口"，也就是海沧经历了从传统乡村到现代都市的蜕变，成为中国社会文明进步的一道缩影；所谓"与时俱进"，或许并不只是海沧一地所独有的根本性格，但可以说它正是海沧得以蓬勃发展、不断进步的思想源泉与核心动力之所在。

或许我们可以说，海沧的本质在门户枢纽、文化、文明之中彰显海沧魅力，而事实上，随着社会的发展，尤其是城市化的不断扩张，海沧正在历经变迁，甚至体验痛苦的蜕变，以实现新时代的自我定位的转型。但我们相信，海沧的变迁并不是遮蔽或者隔断源于传统地区定位，而是将它进一步加以深化，或者说展开了一个全方位的科学定位。

时代的步伐不可阻挡，时代的变迁令人回想。如今，在海沧这一片历经千年传承、东风西雨一遍遍洗礼的土地之上，拥有数不尽的文化传统、历史遗迹、人文风格的乡村开始逐渐退出历史舞台。这究竟是一个时代的进步，还是一个文化的遗失；究竟是一个现代文明的拓展，还是一个本土文化的断裂？或许我们要尝试去做的就是将它们记录下来，使它以一个新的形式流传下去。

风土海沧系列研究，就是对海沧乡村的城市化而展开的人文调查。这一研究的缘起，来自海沧文化馆黄达绥馆长的执着追求，同时也是立足于过去的海沧非物质文化遗产的编撰基础。这样一个收集整理资料的过程，无疑是漫长而痛苦的一段经历，但是同时也是面临城市新规划必须解决的迫在眉睫的问题。不仅如此，作为编写委员会的一员，我也禁不住不断地质问自己，海沧是什么？如何来表述海沧？如何来评价表述海沧的行为？

首先，海沧是什么？或许对于大多数的外来者而言，它不过是一个流动人生的驿站，一个短暂休憩的港湾。但是，对于一直生活在这一片土地上的人而言，它是一条没有发生任何转移的根；对于始终眷念着这一片土地的宁静与和谐的人而言，它是一片可以寄托希望、实现梦想的热土。海沧不再是与我们相对立的存在，而是我不得不加以依托且将我们包容在一起的故乡。而且，也正是海沧文化风土的极为丰富的多样性，使我们找到寄存于我们心底的故乡。海沧是一片海，展现出了它的包容性；海沧是一首诗，述说着它的曲折历史，海沧就是这样的一片热土。

如何来表述海沧？它给予我们的感动，不仅在于它的风土地貌、建筑景致、民俗祭祀，同时也在于它深切的、终极的人文关怀。海沧的风土地貌并不稀奇，但是却充满了崎岖坎坷；海沧的建筑景致也不独特，但是却带有了斑驳沧桑；海沧的人文祭祀也不新奇，但是却依托在了山海之间。就在这样的不起眼处、不经意间，海沧的人文风土得以凸显。茅草屋上吹拂的茅草，小桥流水间逝去的落叶，远山烟雾笼罩下的杉树林，常常让我面对海沧的这一片宁静而和谐的大海发出无限感叹。这样的感动，并不是将会给我带来什么惊诧的表情或者什么紧张的情绪，而是一种潜移默化的、不断深入心底的流动。或许也就在这样的不起眼处、不经意间，我们已融入了它的人文风土之中。

优秀传统文化是中华民族的精神纽带，是中华民族的精神之根、智慧之根，是中华民族生生不息、团结奋进的不竭精神动力，任何国家和民族在世界的崛起，不仅需要经济、军事等国家硬实力的强大支撑，也需要内向凝聚力、外向感召力和文化软实力相辅相成，从而不断增强建设民族共有的精神家园，努力提高全社会文化自觉和文化自信。如何来评价我们的表述海沧的行为？看起来我们所尝试的，不过是将历史的资料、现实的感受、口述的文本堆砌在一起，但我们是用这种最为直观的呈现，来传承优秀的传统文化，把握未来前行的方向，这也正是本系列图书始终坚持不变的叙述方式的根源之所在。

夕阳西下，古榕参天，海沧风土系列考察就是以钟山村为起点而逐步深入的。我还依稀记得第一次踏入钟山村的情形：在一片夕阳的光晕之中，榕树留下了无数的斑驳身影，长街两畔的古宅越发凸显出了历史的沧桑，黄达绥馆长、林致平顾问、刘丽萍女士与厦门大学人类学的博士们一道朝着夕阳下的道路前行。就在这一刻，我感受到了一种生命的永恒。这是一种夕阳、古树、小道、旧宅联系到一起，流淌出和谐静谧的氛围的一种生命的永恒，会伴随着我们的工作而不断地延伸下去，并激励着我们一路走下去的一种生命的永恒。

吴光辉 谨记

厦门大学囊萤楼

2015 年 10 月 28 日

目 录

第一章　村落概况

第一节　历史沿革

　　东屿村地处东南沿海的九龙江口海湾，三面环水，与厦门本岛和鼓浪屿隔海相望。它位于厦门市海沧区嵩屿街道东部，东南紧邻海沧大道，距海沧大桥垂直距离约 3 千米，南近嵩屿，北接钟山、石塘等村。在海上还有小屿仔、白屿仔、象屿（围海造田后，已被开发建设）、大仕屿（又称"嵩屿山"，集体化时期划归贞庵村所有）等岛屿。

　　东屿旧称"长江"，又名"长屿"，其历史可追溯到唐代之前。由于自古以来三面靠海，只有东北方向（今为厦门市第二医院海沧分院一侧）连接陆地，历史上曾建有几座石桥，其中一座通往钟山村叫三空桥；另外一座通往石塘村刘山社的石桥，叫刘山埭桥。据说，该桥为明万历年间东屿村民柯挺出资建造，桥长约 600 米，仅一块石头就长 5~6 米，重达 8 吨；此外，东面的滩涂上还有一座石头桥，长约 900 米。船只停靠码头后，乘客可从桥上步行上岸。沧

东屿村卫星图

海桑田、岁月更迭，令人倍感可惜的是，现在这些古桥早已湮没在历史的洪流中。

据统计，截至 2018 年，东屿村总人口约 9052 人。其中，常住人口约 6785 人，暂住人口约 2267 人。东屿原属漳州市海澄县新恩里三都，1958 年 8 月，划归厦门市，属厦门市郊区海沧公社，设东屿大队。1984 年，改设东屿村。1987 年 7 月，郊区改为集美区，辖之。1995 年 10 月，海沧、东孚两镇划入杏林区。2003 年 10 月，置海沧区，辖之。海沧台商投资区成立以来，东屿周围海滩被大量征用，建成人工湖——海沧湖。其周围修建宽广的道路，有兴港路、海沧大道、沧湖路、滨湖北路和滨湖东路等。2005 年 5 月，在东屿村的西北部建成海沧区行政中心办公大楼。

东屿村历来分为顶社和下社，顶社的角头（角落）有屿头、七厝、下肩、象屿、山坪山、屿坪山、长埤角（柯氏家庙一带）、后东门（东边一带）、后山顶角、乌井角（大夫第一带，门口有一井）、后井仔角、红公灯仔角、杉行角、佛祖庵边、大崎仔、桥仔园等；下社的角头（角落）有大房角、二房角（李氏家庙一带）、三房角（李妈吕宅一带）、大房河、二房河、沙波尾（西南一带）、下底角、后山顶角、庵前角、庵边、后埔仔尾角、过河角、埭仔岸和五甲宫等。据村中老人介绍，以前村里下南洋的亲人寄信回来，地址一般都写以上的旧称。现在村里的丧事处理还分顶社和下社。顶社的丧事由顶社的理事会出面帮忙处理，下社的丧事则由下社的理事会出面帮忙处理。东屿村的相关情况介绍见表 1–1 和表 1–2。

表 1–1　东屿大事记

时　间	事　件
唐朝至抗日战争前	东屿在唐朝时属龙溪县（龙溪旧属泉州，开元二十九年后属漳州）；宋代属龙溪县永宁乡新恩里三都；明代长屿社（东屿的旧称）属海澄县第四里；清代社改保，长屿（东屿李姓）、柯厝（东屿柯姓）属崇隆保；民国时期，东屿属海澄县第四区金钟乡东屿保；1947 年，海沧地区仅存两个乡，东屿隶属金霞乡
抗日战争期间	1937 年，抗日战争爆发，村庄遭日军轰炸，全村屋顶瓦片破碎，损失极为惨重。据老人回忆，1940 年农历十一月二十，日军飞机投下两枚炸弹，炸毁了村庄 5 栋房子，谢老色等 4 人被炸死，多人受伤。村民李亚宜被驻地美军抓往嵩屿山（大仕屿）当劳工，被日军打死在船上。谢亚马被杀于漳州南门，柯茵应、李亚土、谢水被日军杀于厦门。李阔咀、李乌螺、郑七、郑阔咀被诬陷为"通日汉奸"，被伪政府枪毙于西头山。许多村民为躲避战乱，逃亡外地或海外
解放战争期间	解放战争期间，民不聊生，上百个村民为躲避战乱，离乡背井，到海外谋生或逃往外村避难。十几名村民被国民党部队抓去当壮丁，生死不明。谢分、柯安为逃避，拼死从厦门第一码头逆流游回村里；同行的柯宗汉被抓后死亡；谢亚两因身患疾病，死于途中；李正山被迫去我国台湾，到 20 世纪 90 年代才得以回乡探亲
	1949 年农历七月二十六晚，村民谢芊、李清种死于解放海沧的战火中。1949 年夏天，国民党部队在海沧石角头、石沧岑（现厦门海沧野生动物园所在位置），修筑工事，强征村里 16 岁以上男丁每天自备粮食到那里挖战壕，村民李参顶、谢永福、李水池、张宗记等 10 多人被囚禁在该工地达一周之久

时　间	事　件
中华人民共和国成立初期	中华人民共和国成立后，乡镇保甲制被废除，东屿属海澄第四区东屿乡。村主任李源福；农会主席林自来；武装委员李正坤；妇女干部林秀猜；民兵委员李正坤；财务谢文喜
1951 年	东屿和石塘合并建石塘乡。柯马任农会主席李亚实任渔协会主席，陈参太任副乡长。东屿团支部成立
1953 年	东屿、石塘各自建立乡政权。李亚九任乡长、李亚任副乡长。东屿村建立了农协会、村政权、团支书、妇协会、民兵连五套班子
1955 年	海沧分为 6 个乡，东屿、石塘、吴冠合并为石塘乡。1955 年，村民柯于恭在漳州修建 3613 国防机场，支援前线，并于 5 月 1 日加入中国共产党，成为东屿村的第一名党员。9 月 8 日，村民谢文佐、林文丑、柯水源、李杨通、柯于碰等加入中国共产党，这是在东屿村入党的第一批村民
1957 年	拆区并乡，海沧组合成海沧、新垵两个大乡，东屿属新垵乡管辖
1958 年	海沧、新垵两乡从海澄县划归厦门市郊区管辖，合并为海沧镇。1958 年秋，海沧镇被撤销，成立海沧人民公社
1959 年	东屿村开办了两个食堂，一个位于上社大夫第，一个位于下社李氏祠堂附近。历时半年多后关闭
1961—1964 年	海沧拆分为三个公社，东屿归渐美公社管辖。1964 年 3 个公社又合为海沧人民公社
1966 年	9 月 1 日晚，东屿村民兵蔡元祥因公牺牲，被授予"烈士"称号
20 世纪 70 年代	东屿大队成立，李寿发任大队长，李亚豆任书记
1971 年	东屿有 6 个生产队，党小组 3 个，党员 32 名
1973 年	李谢被厦门市集美武装部授予"三等功"，被中国人民解放军福州军区厦门司令部授予"二等功"，当选福建省第四届民兵代表，并参加了 1973 年北京天安门国庆观礼

时　间	事　件
1984 年	海沧公社更名为海沧乡，辖东屿等 12 个大队。东屿大队党支书李亚豆；大队长、副书记柯天纯；副大队长李寿发、林国良；民兵营长李卫生；治保主任柯天赐；妇女主任林辉辉；团支书陈跃明
1986 年	海沧乡改为海沧镇，辖东屿村
1991 年	东屿村成立第三届村委会，其中党支部书记柯天赐；村委会主任柯天纯；副主任李卫生、林国良；党支部委员李卫生、李寿发；村委会委员张心顺、李亚平、李秀琼
1991 年	东屿村村委会成立 6 个下属职能委员会——经济建设委员会（主任柯天纯）、文教卫生委员会（主任李亚平）、治安保卫委员会（主任林国良）、调解委员会（主任李亚平）、计生委员会（主任李卫生）、社会福利委员会（主任李卫生）。成立民兵突击队（班长戴生德，副班长李学文，队员 12 名）；科技服务队（队长李寿发，队员 3 名）；移风易俗理事会会员 9 名；老人协会（会长李永发，副会长柯进德、郑吕咀，理事 13 名）；妇女禁赌会会员 12 名；评出遵纪守法户 615 户
1995 年	海沧镇、东孚镇划入杏林区，东屿属杏林区海沧镇管辖
1999 年	东屿村因为经济富裕、社会治安稳定，被评为厦门市"国旗第一村"，全村 500 多户村民的楼房上升起了五星红旗
2003 年	杏林区更名为海沧区，东屿属海沧区海沧镇管辖
2006 年至今	海沧镇撤销建制，设海沧、新阳两个街道。东屿属海沧街道管辖

表 1-2 1965—2013 年东屿村历届村"两委"❶成员名单一览表

1965—1990 年

时间	村支部			大队部	
	书记	副书记	委员	大队长	副大队长
1965—1984 年	李亚豆	郑亚狮 柯天纯	李寿发、柯天赐、李卫生、柯辉辉、温振盛、李文义、柯于碰、柯加元、李臭献	柯天纯	李寿发（渔业）郑亚狮（农业）
1985—1987 年	李亚豆	柯天纯	柯天赐、李卫生、柯新民、李寿发	柯天纯	李寿发
1988—1990 年	李亚豆	柯天纯	柯天赐、柯新民、李卫生	柯天纯	李寿发

1991—2013 年

时间	村支部			村委会		
	书记	副书记	支委	主任	副主任	村委
1991—1993 年	柯天赐	柯天纯	林国良 李卫生 柯新民 李秀琼	柯天纯	李卫生 林国良	张心顺 李亚平
1994—1996 年	柯天赐	林国良	柯新民 李卫生 柯美珍	张心顺	柯四在 李亚平	李色棋 李义贤
1997—1999 年	柯天赐	柯四在（计生专职）张心顺	柯新民	张心顺	李色棋	李来国
2000—2002 年	柯天赐	张心顺 李色棋	柯新民 柯四在	李色棋	李来国	谢玉勇 郑惠峰

❶ 村"两委"是村中国共产党员支部委员会和村民自治委员会的简称，习惯上前者简称村支部，后者简称村委会。

2003—2005 年		张心顺（主持工作）李色棋	柯新民柯四在谢玉勇	柯天纯	李来国	张爱国郑道德

2006—2013 年

年份	村支部			村委会		
	书记	副书记	支委	主任	副主任	村委
2006—2008 年	柯新民	李色棋	李来国张爱国戴生德	李振堂	郑道德	李克伟
2009—2012 年	柯新民	李志清（农村基层工作者）	李色棋谢增平张爱国	李振堂	柯连成	李克伟、吕巧云
2012—2013 年	谢增平	张爱国	张爱国郑道德李小玲	张爱国	柯明辉	谢荣鹏

第二节　经济发展

东屿村是沿海渔村，"靠山吃山、靠海吃海"，自古以来，村民都是以"讨小海"、养殖海产为生。中华人民共和国成立以前，在生活还很困难的时候，村民经常下海拾捡一些贝类、螃蟹等野生海产，回家简单烹饪后用以充饥。

中华人民共和国成立初期，东屿村的滩涂属于村民私人所有，经过 1951 年土地改革后，滩涂划归集体所有。当时，东屿村共分到滩涂 2000 多亩，用于贝类（花蛤、海瓜子、海蛏和海蛎等）的养殖，此外还分到旱地和其他田地 700 多亩。

当时国家政策规定，村里的养殖收成都要上缴国家，统购统销。

渔民收海蛎

据说，村里每年上缴海蛎肉、鱼虾等水产上万担（一担约计 50 千克）。以海蛎为例，当时海蛎的价格是每千克 7 分钱，村集体将海蛎采收回来后，按人口分成加工，从 50 千克海蛎中剥出数千克海蛎肉由国家统购。国家每年再回销村民 8 个月的口粮，其余 4 个月口粮则由村民通过耕种旱地、田地自筹，实现自给自足。

20 世纪 60 年代，东屿村成立了生产、运输、船只修造等 12 个渔农业专业组。约 10% 的村民成立了运输队，从事客运、货运；20% 的村民则以农为业，在耕地上种植水稻、花生、黄豆和地瓜等；其他的村民则以渔为业，从事内海捕捞，将水产品上缴给集体，由国家统购。相对于海沧地区的其他农业村而言，东屿村产业多样化，经济效益较高，村民每个月还可以从村里预支钱款，生活比其他村庄富庶。当时，海沧公社公安特派员蔡玉端就将东屿村戏称为"小香港"，这个称号一直被东屿村人引以为豪。

东屿村滩涂

由于东屿村三面靠海，土地较少，为了解决人多地少的困境，1977 年，东屿村开始在村庄周围滩涂上围海造田。全村 16~60 岁的劳力几乎全部出动围筑海堤，动用了全村的船只和板车。经过村民们披星戴月、挥汗如雨地辛苦劳作，沧海终变桑田，村民们通过围海造田，新增 500 亩地。其中，水田 200 亩，养殖地 300 亩。

改革开放时，东屿村人口约 4200 人，每人分得 80 株海蛎石（6 条养海蛎用的石板靠在一起称为 1 株，石板长 70 厘米、宽 15 厘米、厚 5~7 厘米）。随着社会消费水平不断提高，水产品大幅涨价，东屿迎来了历史上最好的发展时机，东屿人的生活逐渐红火起来。一些先富的东屿村民率先盖起了三层红砖楼房，东屿"小香港"称号也陆续传播开来。坊间传言"东屿姑娘不嫁外村人，因为本村富得流油"也曾广为流传。

2000 年，东屿村共有船只 600 多条，其中捕捞船 300 多条，运

西海域清淤整治

输船（客运、货运）100多条，其余的是收海蛎等贝类的船只。此外，在海沧大桥未建时，村里还有20多条从事轮渡载客的快艇。

2002年，厦门市政府开始着手整治西海域，东屿村的耕地、虾池和滩涂先后被征用，赔偿标准是耕地每亩5万元人民币，虾池每亩3.5万元，海蛎、花蛤和海蛏等养殖地每亩1500~3000元。船只也以载重量和马力为标准被收购（1吨或1马力1000元），共有200多条船只被收购。

2003年，部分村民发展人工吊养海蛎，滩涂养殖再度兴起，但多数村民开始陆续转行经商。

目前，村里还有约200个劳力以抓章鱼、螃蟹、养殖海蛎为生，30多户养殖海蛏，30多户养殖海瓜子，10多户养殖花蛤。这些村民都有高超的养殖技术和丰富的经验。东屿的经济发展情况见表1–3。

表 1-3　东屿村经济发展变迁一览表

时　　间	事　　件
抗日战争期间	村庄遭日军飞机轰炸，房屋倒塌，民不聊生，经济损失惨重
解放战争期间	许多村民到海外谋生
中华人民共和国成立初期	东屿村成立了农协会，进行了土地改革，全面开展民主建设，实行计划经济，从个体经济进入集体经济，组织互助合作，发动大生产运动，实行统购统销，建设社会主义
1952 年	成立农业互助组
1955 年	进入合作化高潮，东屿、石塘、鳌冠合并为石塘乡。9 月，成立长江渔业初级社和三个农业初级社（第一分社社长柯于恭）；12 月，4 个初级社转为高级社，合并为高级农业合作社——长江渔农业合作社，谢文佐任渔农业高级社社长，柯于恭、谢银党任副社长
1956 年	社会主义过渡时期，渔农分开。东屿农业部分与石塘村合并为东光农业高级社，而渔业部分的长江渔业高级社实行独立经营核算
1958 年	东屿大队成立，李臭献、李寿发、柯天纯任大队长。东屿村渔农业组成生产、运输、推销、缝纫、理发、船只修造等 12 个专业组，实行集体经济、统一核算、年终分红。村民开始围海造田，扩大养殖业生产规模、引进新品种、捕捞运输向机械化发展
1962—1964 年	东屿归渐美公社管辖，成立了 1 个运输队、4 个渔业队（主要从事内海捕捞）、6 个农业队
1966 年	东屿村民围海造田，历时两年修筑象屿堤
1966—1969 年	运输队、渔业队和农业队重新组合成为 10 个渔农混合队，村民通过记工分的方式获取报酬
20 世纪 70 年代	东屿的经济发展很快，村民收入较高。据说，在龙海海澄厦门海沧沿海一带，东屿村的经济是数一数二的，逐渐有了"小香港"的称号；1977 提。东屿村民围海造田，修筑了从东屿到石塘一带的堤岸，叫"西堤岸"

时　间	事　件
1984 年	东屿大队人口约 3065 人、619 户、12 个生产队。旱地 140 亩、水田 920 亩、拖拉机 3 台、船只 304 艘（机电船 256 艘、帆船 48 艘）
1987 年	东屿村共 33 户从事养殖业，68 户从事捕捞业（村民薛福友、郑清宝、谢海英有自己的捕捞船），24 户从事运输业（船运 22 户、车运 2 户），65 户从事商业。村民净收入达 186 万元人民币
1990 年	东屿共有水田 613 亩、旱地 85 亩。运输船共有 37 艘、村民李志玲、康文杰各有 1 辆汽车，李建朝、柯建船各有 1 辆小客车，郑文宁、郑文木、郑文龙、李建木各有 1 辆手扶拖拉机
1990—1994 年	村庄的公路运输线路 3 条：海沧—东屿—曾营、东屿—龙海、东屿—海沧—龙海；港头轮渡线路 2 条：东屿—厦门岛、东屿—龙海；村庄主要道路 6 条：海堤路（东屿—兴港路），村主干道（东屿—兴港路），王船路（东屿—钟山），12 米路（东屿—石塘），象屿路（东屿—客渡码头），环村路（全村环绕）
1991 年	东屿村大部分村民开始用上电话和有线电视，电话共有 600 部。村里非农业人口 872 个，村办企业 9 家。其中，包括天港石料场、玉笔建筑队和振堂建筑队。村集体共有 600 多亩虾池和鱼池，年收入 11.3 万元人民币，人均 784 元
1995 年	村办企业共有 15 家
1997 年	东屿村进行侨眷普查，村里 58 户人家分别有新加坡、加拿大、美国、缅甸、菲律宾、越南、马来西亚等地的海外关系
1998 年	8 月，受到台风和暴雨的影响，海六路出口处农田 43 亩和 1 号临时排水渠下游两块鱼池被水淹没，损失较大。为解决全村 300 多艘船只避风安全问题，村委会采取招标方式，花费资金百余万元人民币在村庄东南侧的海面上建设一个现代化大型避风坞。 下半年，村里组织了由 28 名妇女组成的腰鼓队，参加海沧镇首届运动会开幕式和钟山村的庙会，均获好评。11 月，村里组织了 20 多名田径运动员参加海沧镇运动会

时　　间	事　　件
1999 年	2 月，东屿村被评为厦门市"国旗第一村"，全村 500 多户村民的楼顶上升起了五星红旗。 一条长 1300 多米、宽 8 米的外环村路开始动工兴建，路边的几家海鲜酒楼相继挂牌营业。 10 月 9 日，受第 14 号台风影响，村里房屋、水产养殖和船只均受到损坏
2000 年	外环村路建成，海沧大桥通车，东屿村海鲜酒楼如雨后春笋般纷纷开张。东屿海鲜一条街的规模基本形成
2000—2001 年	受海沧大桥通车影响，村庄的船舶运输客源大幅减少。船运收入下降，许多村民转而开办海鲜酒楼或经营小买卖
2002—2003 年	东屿小学校舍维修，村里出资添置了 40 台电脑、100 套课桌椅。9 月，村里还拿出 2 万元人民币资助考上研究生的大学生。由于重视教育，东屿村连续几年被镇里评为"捐资助教先进单位"
2003 年	村委会新建了一个灯光球场，为老人协会购置一批乐器；并投资 8 万元人民币，添置村文化室各种书籍、器材
2004 年	为改善村民的买菜环境，村委会对村里的农贸市场进行了翻修，并加高市场内的顶棚
2007 年	东屿村共有海鲜大排档、酒楼 20 余家，每家除大堂外，均有 20 个以上包间。由于食客增多，停车日益不便
2008 年至今	由于东屿村拆迁进程加快，村北路海鲜一条街上的酒楼已所剩不多，而分布在海沧大道一侧的海鲜大排档异军突起，效益很好

国旗村采访手记

由于经济富裕、社会治安相对稳定，1999 年年初，东屿村被杏林区区委宣传部（当时东屿归杏林区管辖）授予"国旗村"的称号，区里要求村庄家家户户楼顶要竖立一面国旗。为了了解这段历史，调查组找到了老书记柯新民。当时，他担任村里的宣传和组织委员，对这个事情记忆犹新。

柯书记回忆，村里接到这个通知之后，村"两委"十分重视，马上召开"两委"会，强调委员们必须将这个事情当作一项政治任务来完成。村委决定分成三个小组，分别负责三个村民小组的国旗安装事宜。

第一批国旗有500面，是由杏林区委提供的，村委主要负责旗杆的制作和安装。为了早日完成这个任务，村委马上派人到角美订做了500根不锈钢的旗杆，每根价格110元人民币。一个月后，旗杆制作完成，村委请工人来安装国旗。几天之后，500面国旗就高高飘扬在东屿村庄的上空。由于东屿村几乎家家户户都建有楼房，国旗插在高高的楼顶十分好看。据说，当时整个杏林区只有东屿村得到了这个升国旗的荣誉。看着一面面鲜艳的国旗在自己的村庄迎风飘扬，村民们心里头都乐滋滋的。

由于临近海边，风比较大，过了一段时间部分国旗破损，村委又及时添置了500面国旗发给村民。刚开始，村民只是在节假日升起国旗；后来，村民遇到结婚、搬家的日子，也会在楼顶升旗，将其作为喜庆吉祥的象征。

尽管距离国旗村的历史已经过去10多年了，但老书记回忆起来还历历在目，言语之中充满了身为东屿村人的自豪感。

东屿姓氏源流

据东屿村老一辈人讲述，村庄最早时的居民为曾氏，后来随着社会的发展和人口的迁徙，出现了多姓和谐共处的局面。其中柯、李二姓人口较多，是村庄的大姓。顶社以柯姓居多，下社以李姓居多，因此有"顶社柯、下社李"之说。郑姓、谢姓和张姓人口数量在 500 人以内。此外，还有约 30 个人口较少的姓氏。

东屿柯姓

据《广韵》记载，柯氏源出姬姓，得姓始祖是周文王太伯父仲雍的后裔吴公子柯卢。《史记·吴太伯世家》载曰："吴太伯、太伯弟仲雍，皆周太王之子，而王季历之兄弟也。季历贤，而有圣子昌，太王欲立季历以及昌（周文王）。于是太伯、仲雍两人乃奔荆蛮，文身断发，示不可用，以避季历。……自号勾吴，荆蛮义之，从而归之千余家，立为吴太伯（吴国君主）"。

太伯、仲雍创立吴国后，到周成王时，周成王会诸侯于柯山（据后世考证，在今江苏省无锡的梅里），吴国君相，同与其会，指山为姓，为柯氏得姓始祖；至周穆王朝代（公元前 1010 年左右）柯相之第 4 世柯卢正式立柯为姓，为柯氏立姓始祖，柯卢之后裔遂以柯为姓，郡望为济阳郡。

唐僖宗光启二年（886 年），柯亮（字延熙，号商庵）自固始随王绪赴闽，再伴王审知同上福州，驻寓金斗桥，居桃源平和里（今永春），为入闽一世祖。

据载，第 2 世孝思移至卓埔乡（今永春达埔）田内及石马（柯罗村）聚族而居，并起盖宗祠，亦建造为祭扫祖坟栖所数栋。后因族繁地窄，而兄弟离乡分处，卜筑不一。第 3 世希夷改迁龙岩州宁洋县桃源杨坑（今属大田）。第 4 世有吉、宝、昌三兄弟。

柯氏家庙——享德堂

　　柯宝从永春迁莆田，莆田始祖柯宝的第 13 世孙念一郎（名光申）于元中期从莆田迁徙到宁洋县集贤里，生三子，长子祐祖（名嗣）分衍洲尾（今石尾）、三子祐翔（名越）开基天宝塔美，而次子祐立（名齐）在元至正年间迁漳州龙兴屿（今东屿），柯祐立为东屿柯氏始祖。其直接可信的依据见明顾起元的《嬾真草堂集》，书中有一篇《文林郎陕西道监察御史立台柯公墓志铭》，文中的柯立台就是东屿柯氏的第 9 世孙柯挺，其墓志铭曰："先世为莆人，至正间，祐立公始徙于漳之龙兴屿。"

　　柯祐立开基东屿后，以养鸭为生，其裔孙结庐造地，经几代人的努力，垦作的埭田和海堰无数。今裔孙分为四房，已传至第 25 代，人口约 1200 人（部分为后柯裔孙）。柯氏于明代万历年间建有一间宗祠，名曰"享德堂"，位于东屿村顶社。

从《文林郎陕西道监察御史立台柯公墓志铭》得知，柯挺晚年迁居建宁府（今建瓯）。因旧柯氏族谱散失不存，致裔孙繁衍其他各地情况不清。据村中老人回忆，有祐立次子从元末明初迁广东埔尾，第3世孙在明初移居后溪中保。今分衍在集美区后溪镇前进村中保自然村的裔孙约300人。清朝时，有不少裔孙前往东南亚各国，其中前往马来西亚、新加坡、印度尼西亚者居多，如柯珍东于清中期迁马来西亚。而迁往其他地区和我国台湾的裔孙尚在调查联系之中。

东屿李姓

李姓出自嬴姓，其鼻祖皋陶为黄帝孙颛顼的后裔。《唐书·宰相世系表》记载："出自嬴姓，皋陶之后，世为大理，以官命族为理氏。"皋陶任理官，即掌管司法的长官。按古人以官为氏的习惯，故称皋陶及其后裔为"理"氏。以官为氏的理氏，传至理征时，任商纣王的理官，时纣王昏庸无道，理征执法不阿，为纣王所不容，理征罹难。理氏家族将面临灭族之灾，其妻带幼子利贞逃至伊侯之墟（今河南）避难。饥饿不堪，只见树上结有"木子"，便采来吃，母子得以活命。其后，利贞为防追捕，不敢姓理，感念"木子"救命之恩，遂改为"李"氏，由此利贞成为李姓始祖。郡望为陇西郡。

相传，李氏入闽分五大支。其中之一为南宋时迁闽西的李珠，公元1181年，李珠随父从江西石城迁居福建宁化县石壁村，生五子：金德、木德、水德、火德、土德，后居上杭县城东门。李火德之孙千三郎（又名庆三郎）迁永定县莒溪，玄孙三五郎再迁永定县湖岭（今湖坑）；三五郎传三代至孝梓（万八郎）从湖坑迁平和县散坑再迁南胜郑坑，平和侯山建有"李氏祖庙"，也称"孝梓公庙"；

孝梓生有四子诠、诚、谊、谕。诠居上杭（第4世孙仲良居南靖
县书洋枫林村油坑开基）、诚居平和琯溪、谊居移安溪壶头，谕（字
至晓，火德第9世）定居同安县南山（今属厦门市海沧区东孚镇
山边村）。

　　李谕移居同安南山后生君安、君怀、君博、君通和君迭。君安居
吴店，君博居吴店内坑，君迭居南安浮桥。君怀生于宋绍兴十一年
（1141年），传有五子：汝谆（居南安大盈雄山）、汝谨（居同安仙
店南山）、汝海（居同安兑山）、汝谟（居海澄已山）、汝谦（居南
靖水头金山），后人尊为"五山李"。李君怀墓葬于南安大盈东岭头
西南坑。明朝中期，李氏到东屿开基，裔孙分三大房，已传至第13
代，人口2000余人。建有两间祖庙，名曰"积庆堂"和"世德堂"。
积庆堂为李姓总祠堂，世德堂为清康熙年间李姓二房所建。每年农

李氏家庙——积庆堂

历十月十五，东屿部分李氏宗亲会到东孚镇山边村南山李氏大宗祖庙祭祖。

东屿郑姓

东屿村是海沧郑姓最多的村庄。其主流属大嶝派，但却是分三次从大嶝田墘迁来。清初顺治年间，10岁的郑某到东屿落户，今传第9代左右；清中后期，田墘的郑序搬家来东屿，裔孙已传第6代；民国初年，郑礼源家的上祖阳迁居东屿，今传第4代。东屿郑姓现有人口约500人。

东屿张姓

东屿张姓清末从大嶝迁此，传第6代。

东屿谢姓

部分谢姓是在清乾隆年间从大嶝岛迁居到此，人口600~700人。

【吴骨柯皮——一家人形成两姓的因由】

出生于1934年的柯增煌的太祖吴文车原系泉州市南安县人，青年时代到东屿村谋生，进而在柯家入赘。发妻名柯脸仔，生有三子三女，抱养一女。修建礼拜堂的柯桧就是吴文车与柯脸仔的女儿。柯脸仔早亡，续弦柯蒽未有生育。按照东屿民间习俗，入赘后繁衍的长子、长孙须随招入方姓氏。因为各种原因，吴文车的子辈未实行这一习俗，而另议定再下一代，即柯必应所生长子、长孙要姓柯，于是必应生的长子嘉惠姓柯，次子嘉言则随父姓吴。余者姐妹均姓吴。嘉惠生的长子增荣姓柯，余者子女理应姓吴，而当事人忽略父训，却连同其余子女亦姓柯。既成事实无法更改，而不同姓氏（柯与吴）实质是骨肉同胞，俗称"吴骨柯皮"。这便是一家人形成两姓的因由。

从修建礼拜堂的柯桧那辈算起至今，礼拜堂已历时5代人。这个家族的成员既是礼拜堂的所有者，也是管理者。据88岁高龄的柯增煌回忆，他在10岁左右的年纪，每逢礼拜日都跟着家里的大人在礼拜堂里做礼拜、唱圣歌。当时没有信教的村民到了礼拜日都是照常劳动，没有休息。由于只有自己家族的人和村民许远两家休息做礼拜，所以记忆深刻。

这个家族在清末曾有多人到国外谋生，个别人跟国内还有联系，多数人目前已失去联系。据柯增煌回忆，1966年，越南一名军官曾到厦门东屿寻亲。据说，是他父母交代他到东屿找到一户"房子前面有一条河，隔壁有一间礼拜堂"的人家。这名军官通过厦门市公安局找到了嵩屿公安局，嵩屿公安局再通过东屿村广播找人。当时，柯增荣家没人留意，事后听村里人提起才到嵩屿公安局打听那位军官，但却被告知其人已经回国了。柯增煌推测，这名军官可能就是出国谋生的柯氏后代。

第三节　乡贤教育

1940年前，东屿村里有些富裕的人家在家办私塾，受教育的人很少，群众的文化程度普遍不高。

1940年以后，村里开始创办四年制的初级小学。校舍是向村民借用的，学生数有10多人。本村的村民李守山、廖沈田曾在初小担任教师。学生在本村读完初小后，要到邻近的石塘村育才学校读两年的高小（五年级和六年级）后，才算小学毕业。小学毕业之后，如果要读初中，则需要到位于现在海沧街道东头山附近（后迁建至困瑶村）的海澄县第二中学（因当时海沧属海澄县管辖，故名）就读。当时，村里初小的老师多是富裕家庭的后代。

中华人民共和国成立时，村里的学校还未建成专门的校舍，而是借用地主的房子。直到20世纪70年代新校舍建成后，村里的办学才渐渐形成规模，学制也由四年制改为五年制，学生数达到了两三百人。新校舍位于旧村委会所在地，为两排单层的砖瓦房子，共计10间，中间为操场。

1967年左右，受"文化大革命"的影响，许多老师由于自身成分不好被清退，教师数量减少，学校另外聘请了一些民办教师。当时，学校的教师有三种：一种是正式的师范学校毕业生，一种是代课老师，还有一种是村派的民办教师。村民李亚平曾经担任过民办教师。

1987年，随着学生数的不断增加，原有的校舍已容纳不下，村里又重新选址建了一幢四层混凝土结构的教学楼。新建的教学楼建筑面积1584平方米，用地面积5740平方米。小学迁址后，开设了17个班，学生有600多人，教工共28名。除了小学外，东屿村还有一所幼儿园，建筑面积150平方米，用地面积1780平方米。幼儿园分大小两个班，学生有80多人，教工共3名。

由于年久失修，校舍破损严重。2003年，东屿小学开始进行校舍维修。村委会十分重视教育，为小学添置了40台电脑，还出资1.35万元人民币购置了100套课桌椅。当年，村委还奖励了两名研究生，

东屿小学旧址

每人奖金 1 万元人民币。由于多年为教育投入，东屿村委会连续八年被上级评为"捐资助教先进单位"。

进入 21 世纪后，由于受计划生育政策等因素的影响，东屿小学的学生数不断减少，办学规模越来越小，教育水平也有待提高。为了整合教学资源，提高教学质量，根据海沧区教育资源整合的整体规划，2006 年 2 月，东屿小学与温厝、渐美、海农和延奎小学海景教学点 4 所农村小学联合办学，成立了厦门外国语海沧附属学校。该校位于海沧街道兴港路，是由海沧区政府于 2005 年投资 5000 万元人民币，按照 2004 年省级达标校标准设计建设的一所九年一贯制公办学校。目前，该校小学部有 23 个教学班，中学部有 16 个教学班，学生共计 1680 人，教职工 125 人。

学校占地面积 47000 平方米，建筑面积 23000 平方米，可容纳 54 个教学班。其中，小学 36 个班，初中 18 个班。校内有教学楼、室内体育馆、微机室、理化生实验室、音乐美术教室、校园网……各种现代化的教学设备齐全。其中，面积 3000 平方米的室内体育馆可进行篮球、排球和羽毛球比赛。学校还拥有标准的 400 米塑胶跑道和足球场，硬件配备达到了全市一流水平。

办学几年来，在厦门外国语学校优质教育资源的辐射下，学校取得了良好的办学成效，先后被评为"厦门市教学常规管理示范校""厦门市绿色学校""海沧区素质教育先进校"等荣誉称号。

联合办学之后，原有的东屿小学校舍被企业租用，作为厂房。

第二章　宗祠古迹

第一节　柯李宗庙

建筑向来被称为"石写的历史""凝固的音乐"，是一个民族的文化载体。东屿村现存的古建筑多为明清时代所建，既有各个姓氏供奉祖先灵位的祠堂，也有朝拜八方神灵的庙宇；既有极具闽南传统建筑风格的红砖大厝，也有华侨回乡建造的土洋结合、中西合璧的洋楼。

柯氏家庙——享德堂

柯氏家庙享德堂位于东屿村顶社长坪角，又称"瑞鹊堂"。明万历年间建，清乾隆十四年（1749 年）、1934 年、1993 年重修，为前后两进夹一天井的闽南台湾型传统建筑。坐南朝北，占地面积 161 平方米，穿斗式砖木结构，硬山顶。面阔 3 间计 11.2 米，总进深 14.4 米，高约 8 米。第一进面阔 3 间、进深 1 间，叠顶双燕尾脊，门厅前有内

享德堂内景

凹状门廊；第二进为主殿，单条燕尾脊，面阔 3 间、进深 3 间，均为抬梁式木构架，墙体下部为花岗岩构筑，上部砌红砖，石础上刻如意纹。正堂悬挂南京礼部左侍郎朱之蕃所题"尚义可芳"木匾。享德堂内有 1 方花岗岩石碑，据说是建庙时所立。由于年代久远，上面所刻文字已经模糊不清。堂内左侧墙上嵌有 1993 年重修享德堂的捐款名单碑记，以及 1994 年 10 月重修享德堂第二次捐款名单碑记。据碑记记载，1934 年村民柯川如、柯启贤、柯水清等人曾募捐重修享德堂一次。

　　庙前广场右侧有 1 对旗杆石，左侧有 1 方口水井，井旁有 1 石水槽。该庙明清时期原物仅存地基、石柱、石础、部分墙体和大部分红板瓦。部分墙体为民国时期修筑。

　　享德堂一般在冬至前后举行祭祖仪式。除了本村的柯氏后人参加外，还有从东屿村分支出去的我国台湾高雄市左营区，漳州市天宝镇塔尾村、龙海市角美开发区、厦门同安、集美后溪等地的柯氏

享德堂旗杆石

宗亲们也不辞辛劳，纷纷赶回祠堂祭祖。祭祖仪式一般有上香、叩首、烧纸钱的程序。

厦门属亚热带海洋性季风气候，温和多雨，夏季多风。东屿村在厦门西海域西岸，位于海沧区的东部沿海，原为一岛屿，填海后与陆地相连，隔鹭江与厦门东渡港相望。西北3.5千米为蔡尖尾山，南2.5千米为京口岩山。享德堂地处东屿村居民区内，居民多姓柯、李，以水产、餐饮、贸易、海上运输等产业为主，柯姓原从莆田迁来。建筑周围多为现代民居，夹杂少许传统建筑，西南90米为东屿大夫第，西80米为东屿礼拜堂。海沧大道东北至西南从村东侧通过，西北1000米为海沧区政府所在地。

由于自然原因导致木构件朽烂，故民国时期及1993年该村村民对其构架进行更换，对屋顶等进行翻建，当时已经尽可能地使用了原瓦。

享德堂牌匾

尚义可芳　南京礼部左侍郎朱之蕃为明万历进士及第太师相柯立台立。

吴楚激扬藤监　进士及第南京礼部左侍郎朱之蕃为太师相老夫子柯（讳）挺立。

桑梓荣光　赠予厦门海沧东屿享德堂，二房岐衍集美后溪中保众裔孙贺，丁亥2007年端月初九日。

长江辈种三槐　长江祖祠庆典，美阳（漳州天宝）苗裔敬赠，癸酉孟阳。

祖德荣昌　东屿村享德堂理事会成立志庆，晋江南塘柯氏家庙宗亲会敬贺。

享德堂对联

源溯莆阳显祚永浥绵百世，古分东屿系归长江蔚林苗。

长屿聿修新祖豆，兴安仍衍旧簪袍。

享德堂牌匾

巡抚七省德齐青天垂简史，列名三公才高北斗理朝纲。

木本水源承世泽，春露秋霜忆先灵。

一品当朝殿阁谋略无双士，三元及第翰苑文章第一家。

督抚提臬道府列宪批县审详谳碑记

石碑位于柯氏家庙享德堂北侧，分碑座和碑体两部分。碑倭角，

督抚提臬道府列宪批县审详谳碑正面（左）和背面（右）

长方体花岗岩质，顶部及左右两侧外沿刻卷草纹，高 2.46 米，宽 1.12 米，厚 0.16 米，碑额小篆，碑文楷书，全文刊刻于碑之正反两面。石碑立于清乾隆十四年（1749 年），系柯姓族长柯荣进等 8 人所立。碑文记载乾隆十三年（1748 年）各级官员为柯、谢东埭岸外海课田之争的起因、经过及决断结果，重新断决东埭岸外海课田为长屿所有；并追溯明万历年间以来，东屿村柯姓与石塘村谢姓等族姓之间占围海上滩涂等引起的纠纷和官府审理、判决的经过。此碑对研究古代诉讼史和经济史具有较高的价值。此碑现保存基本完好，少量字体剥落，模糊不清。

【督抚提臬道府列宪批县审详谳案碑记】

海澄县三都长屿社柯氏始祖佑立公世掌社前、社后课泊，界自大埭迤逦，南抵陈宫屿、西乌斯港、过蒿屿、乌礁、白屿、斯坑洲、象屿等处，前朝被豪强侵占，至九世孙挺，万历发解，控巡海道陶批分府沈断还旧掌。迨乾隆十二年，复被石塘社巨族谢创、谢兴、谢享、谢奇万等恃强侵占斯坑洲、象屿两处。裔孙贡生薰等出控，蒙廉明本县主太老爷汪 批送粮厅张□审勘确情，出示饬禁。乾隆十三年五月二十三日，谢创等党众谢排、谢荣、谢喝、谢天、谢顺、谢颇裕、谢突等抄山掠海，经排头汛防验报水师提督军门张□饬查实，被通咨、总督部院喀巡抚部潘□行司转饬府、县究审，律拟通详，将谢创等各克分别枷责，追赔赃银，断定海泊归柯姓照旧掌管。今奉宪抄案勒碑。

漳州府海澄县正堂、加三级汪为具报事。乾隆十三年七月十七日蒙本府正堂、加一级、记录十六次金信牌。蒙按察使司宪牌。奉宫保、总督闽浙部院喀宪牌，案准水师提督军门张咨开，据本标前营游击吴禀报。据长屿社民柯荣进喊禀：被巨族谢姓占围世掌课泊，抗违县禁。本年五月二十三日，党众抄山掠海，击碎房屋等情，具报到提督军门。据此相应咨达，请烦察照，希赐徽严究，以儆习风等因，到本部院。准此，为查：党众肆横，屡经示禁，谢享等胆敢纠伙执械，碎屋割苗甚属不法，行司查究，分别首、从，按拟详报，不得姑宽等因，奉此。又奉巡抚都察院潘□宪牌，咨同前因，为查："大族纠众行凶，有干例禁，谢创等身为约保族正，乃敢主令率众击碎房屋，洗割谷种、地瓜、蚶苗，不法已极。行司飞饬严查，将在场有名各要犯查拘到案，先行重责四十板，逐一究课，按例分别议拟通详，毋得玩纵等因，奉此备票行入府，仰县立即按名严拘谢创、谢彩、谢月、谢享、谢奇万、谢顺、谢排、谢荣、谢林、谢茸、谢相、谢喁、谢科、谢预、谢莒、谢总、谢天、谢佑等，并究出余党到案，先行重责四十板，录供通详等因，蒙此乾隆十四年二月二十二日，蒙县主汪亲勘审看：柯姓所居长屿社三面环海，自西南转东，周围海泊，俱属长民课业，前明万历年间勒碑确据。原纳米八斗，至康熙年间又增纳米八斗四升。谢姓住居东坑社，其海泊系伊社前，与柯姓海泊中隔象鸣屿一山不相连接，缘谢姓于雍正年间买柯姓东埭岸内之田，遂于埭外围埕采捕。贡生柯熏呈人请示禁，业据谢享等投具遵依退还。上年五月二十三日谢姓以海泊蚶□系其下种，前往洗蚶，柯姓出阻。辄称有港东，港西之分，并乘柯姓抄徽碑文内有"东至东埭岸为界"字样，指其改换碑摹抵制。今讯，据柯熏供称："实因碑刻年远，字迹模糊，以致错填，并非有心改换。"查验碑文界址，原开"西至乌斯港为界，东则吾长民有也"，则东埭岸尽属柯业甚明。况埭内之田，现系柯姓出卖，是谢姓只有东埭岸内之课田，并无东了（碑阴）埭岸外之课田，不得以柯姓错填碑摹，□指其为影射也。至谢创等党众毁苗碎屋之处，讯据谢姓各犯照不承认。查柯姓当日挑有地瓜藤徽验，具丞到地查勘，有碎屋□迹。□□□□□柯姓瓦屋，现有新瓦收整处所，则柯姓所控岂属无因？除将谢创、谢排、谢荣、谢喝、谢天、不行阻止之练保邱志诚已经分别责惩外，谢创仍□□□□，再加□□一个月；□□□□之谢兴重责四十板；同行之谢颇裕、谢突、谢享、谢万、谢顺各责三十板，足蔽阙辜。其海泊仍照原断归柯姓执掌，谢姓只管岸内之田，不得□□□占。等由，案详□□。

　　□□府宪全加看核□臬县谳称："应请俯如卑府所拟，将谢创乃革去保长，再行枷号两个月；谢排、谢荣、谢喝洗蚶起衅，再得出名具□之谢兴即将世兴，并同往洗蚶之谢颇裕、谢突原具遵依，又行抗断之谢享、谢万及仝往较争，临审不到之谢顺，应请一并各枷号一个月，满日各重责三十板，仍于□记名下酌追银四两，□□柯魁等收领，以偿残毁麦薯并碎屋瓦之资，其东埭岸外海泊，仍照原断归柯姓执掌，谢姓不得再行争占滋事。等由，转详。

　　蒙宪县陶□□详□□抚宪谳□□□□府所请，□谢创再行枷号两个月，仍革去保长；义谢排、谢荣、谢喝洗蚶起衅，并出名具控之谢兴即谢世兴，仝往洗蚶人谢颇裕、谢突，原具遵依复行抗断之谢享、谢创等，仝往较争□谢顺，均应如府拟，各枷号一个月，满日各重责三十板，仍于各记名下酌追银四两，给柯魁等收领，以偿残毁麦薯、掷碎屋瓦之资；其东埭岸外海泊查谢姓所买得，属埭内之田，契内开载勘明，自难侵占。埭外之海泊亦应如府、县所议，断归柯姓掌管，谢姓不得混争滋事。等由，转详。

　　本年七月初九日，奉□巡抚福建都察院潘 批："谢创等如详分别枷责。姑念事在□赦前，约予援免，仍于名下酌追银四两给柯魁等收领，以偿残毁麦薯、掷碎屋瓦之资；其东埭岸外海泊查谢姓所买得，属埭内之田，契内开载勘明，自难侵占。埭外之海泊亦应如府、县所议，断归柯姓掌管，谢姓不得混争滋事，余照行，并候督部院批示徼□。

乾隆十四年八月十三日，贡生柯熏为恳恩勒石，以去全宪仁事，具呈府、宪金□而海澄县查议，详□蒙县主汪看详，该阜职查看："贡生柯熏世居长屿社，三面环海，田业鲜少，赖祖遗海泊一所以资生计，岁课米一石六斗四升，并开发□□而为豪姓侵占，控断勒碑。阜职到地亲勘，碑文内有"入罪民李先春奸擅熏等世掌中洲泊，俾鳏孤无资给，而所输米不前矣。人民困弊，追呼逼迫"之句，及万历柯挺与族长相率控□，巡道宪陶批：海防分府沈断还，勒碑颂德，至今现存。缘石塘社谢姓籍雍正五年买柯姓东堘岸内之田，遂于岸外围埕采捕。乾隆十二年，柯熏等呈请署海防分府严批，查移县丞张勘讯，议详示禁。上年五月内，谢姓复往洗蚶，以致互相较争。奉宪饬究，将谢姓抗断起衅之人分别枷责追偿。东堘岸外海泊断归柯姓掌管，谢姓不得混争在案。该口特处，后来年远案烟，复滋讼累，欲立碑记载，以垂永久。事属可行。详情宪台赐示，饬付勒石，庶惶惶禁令历久常新，应与前代所立之丰碑并昭奕族矣。等由，详覆。蒙府宪金批，据详已悉，照案勒石。

乾隆十四年十一月十五日，族长柯荣进，秉贞，树盛，应嘉，应社，绵基，祖基，熏等谨抄勒。

此碑地处东屿村居民区内，居民多姓柯、李，以水产、餐饮、贸易、海上运输等产业为主，柯姓原从莆田迁来。石碑位于柯氏家庙享德堂旁，周围多为现代民居，夹杂少许传统建筑，西南90米为东屿大夫第，西80米为东屿礼拜堂。海沧大道东北至西南从村东侧通过，西北1000米为海沧区政府所在地。

2010年冬至享德堂柯氏祭祖

冬至是农历中重要的节气，也是我国传统的节日之一。自古以

享德堂冬至祭

　　来，民间便有冬至祭祖的习俗。东屿村享德堂也定于冬至举行祭祖仪式，这一天同样也是东孚镇后柯村一经堂祭祖的日子。据柯氏族谱记载，这两个村落的柯氏后人同源同宗，一脉相承，都属柯氏四世祖国材公支下。

　　在祭祖的前几天，享德堂的理事们就开始忙碌起来，布置家庙、准备祭祖供品、联系外地宗亲，忙得不亦乐乎。祭祖当天，东屿村享德堂内香烟缭绕，放置祖先牌位的神龛门大开，鲜花和各色供品堆满了供桌。从东屿村分支出去的柯氏宗亲们不辞辛劳，纷纷赶回祠堂祭祖。在赞礼的主持下，来自我国台湾高雄市左营区、漳州市天宝镇塔尾村、龙海市角美开发区、厦门市同安区后溪等地的宗亲齐聚一堂，举行了庄严肃穆的上香、叩首、烧纸钱的祭祖仪式。仪式结束之后，他们还聚集在一起交流各自的发展现状，畅谈今后宗族繁荣昌盛的大计。

柯氏九柱祖祠——大夫第

大夫第建造者为清初武举人柯鹏，又名"柯其捧"。当时，朝廷御赐"大夫第"牌匾。该宅坐西北朝东南，由前后两进主体建筑和左右护厝组成。第一进和第二进均单条燕尾脊，面阔 3 间、进深 2 间。左右护厝均叠顶，单条燕尾脊，面阔 6 间，进深 1 间。此宅装饰较为普通，大门两边的侧墙上有灰塑的螭龙纹图案，屋脊上有骑马人物、花卉剪粘。水车堵上的人物彩绘多已褪色。

大夫第

【重修九柱祖祠碑记】

本祠建于光绪十四年（公元1846年），时长失修，面临倒塌，为念祖思德，于1998年农历八月，由柯于池、柯于盛、柯于恭、柯于碰、柯鸿漳为理事，裔孙集资共费七万元重修，捐资芳名列左（略）。

本祠尽归众裔公有，任何个人不得侵犯，若有好处按捐资数额分享。

公元1998年9月

本祠理事立

李氏祖庙——积庆堂

积庆堂位于村南路95号，又称"李氏祖庙"，为东屿村李姓的

积庆堂

总祠堂。坐东朝西，分前后两进夹一天井，门前为条石铺筑的庭前广场。第一进面阔 3 间，进深 1 间，抬梁式构架，假叠顶双燕尾脊、硬山顶。大门正立面的墙体用花岗岩条石砌筑，两侧有透雕螭龙纹石方窗。次间的正立面墙体上有透雕螭龙纹圆形石窗。第二进面阔 3 间（2 柱），进深 3 间（2 柱），抬梁式构架，单条燕尾脊、硬山顶。清光绪年间及 1990 年、1998 年重修。"文化大革命"时，堂内灵位及门前四座旗杆被毁。该庙明代已存在，但现存的门厅，主殿除墙体、石柱、柱础、梁架、木雕狮子、地基等为清代光绪年间原物，其余为 1990 年、1998 年重修之物。损毁原因主要为阳光、暴雨、台风和虫害等自然因素导致的自然老化。"文化大革命"时，一些灵位被烧，门前 4 座石旗杆被毁。

祖庙庭前原有 1 口长方形水塘，早年已被填平。庙左侧廊道近墙处有清光绪七年（1881 年）的《积庆堂牌文告示碑》和光绪三十一年（1905 年）的《积庆堂碑文》碑记。此家庙对研究厦门古代宗庙建筑的类型和祖先崇拜有一定的价值。

【积庆堂牌文告示碑】清光绪七年（1881 年）

钦加同知卫调补漳州府海澄集正堂随带加□级记大功八次赖荣为包雇勒索事。本年六月十八日，据三都长屿社家长李宗毛、李应选、李佛助等呈称□□等住居长屿下社负山□海瘠民稠，凡诸婚娶丧葬登科祝寿等项俗事，每遭该处丐首藉充夫头包管地界名曰埔头横勒向伊该管雇用轿夫任听诈索勒资不得超界别雇即如婚娶花轿吹手一切筹费常时三五元之数而丐首多则索银三四十元少则二三十元，或侦女订盟定聘抢先勒借男家嫁娶轿价临期易脱丐首居奇重索或苗媳长成冠笄诈称充当官夫赔累差费，亦当折给轿费丐礼间有乡民贫苦，莫应恳求女家步行被丐首率同丐伙拦途阻挠弱乡愚不敢触其狼威多

隐忍以饱其欲。□□□□□难枚举。同治年间第朱前主道奉以前道
宪文札饬示禁各丐首等如遇民间婚娶一切事件应否雇轿，
悉听尊便毋许把持地界勒索轿价花红等因极沐严明于时龙店社暨诸乡邻幸免
勒索，乃今日以后丐首等仍然把持包雇□肆荼毒，惟长屿下社小户
村口亚信遭□□极罗强索之害。似此猖横零视眈眈若不恳请宪恩赐
出示严禁勒石□□奚堪横索合亟抄粘前示，金叩包老父母，视民如
伤，恩准再行，出示严禁勒石地方以安以靖沾感切叩等情据此除批
示补合行示禁，为此示仰该处丐首知悉如遇民间婚娶等事应由雇轿
反偏用何处轿夫，细听自便，毋许把持勒索轿价，花红并不准纵容
群丐临门吵架酒食。如敢□□□许被扰之家具呈立提讯办凛之毋违
特示。

光绪七年桂月三十日　给贴晓谕

【积庆堂碑】光绪三十一年（1905 年）

堂名积庆，殆所谓积善之家必有余庆者欤。余庆者，复而积之，
益有百年不尽之期焉，吾祖自陇西开基至于长江聚族，因而肯此
构堂应数百年，阅□余世大有庆也。□□期也堂之建设，坐甲向
□，门迎朝旭，紫气西来，地绕钟山，潮来鼓浪，山环水绕，乃
积庆堂之大观。祖宗之灵□实式□之。是岁戊冬，祭祖斯堂，而
有咸曰此堂阅数十年，不修乃坏，昌期□尽失，为孙子者□斯堂
之不修乃坏，□□无情。我裔孙妈吕出为营鸠捐，捐助芳名列下。
有不敷者，妈吕补而给之，乃理而新之，于是栋楹梁角之腐黑挠
之，□□者益瓦饭□之，破缺者赤白之，漫漶不解者□□□□□
观之。甲辰五月吉日具，至十一月告竣，就初六日告□安进神主，
越十二日设道坛清醮庆成。诸几□□□去龙银四千九百三十大元
□□□俟后踵斯堂者得以览与。妈吕捐□□三千一百元（以下捐

积庆堂牌文告示碑与积庆堂碑文

款芳名略），共捐银五千九百三十大元。费去银四千九百三十大元，
尚存银一千元在□□生利息，以为春秋祭费。另者二房堂浅于过
问有沙园丘，恐其栽种果子遮□祖庙堂□□永远不得私诸果品，
准其庙堂在龛进入神主一对免充公项祗额此系面议永□与约，立
石为照。

　　　　　　　光绪三十一年岁次乙巳年三月吉日　裔孙妈吕勒石

李氏家庙——世德堂

该家庙为清代东屿村李氏家族的二房于清康熙三十六年（1697年）所建，位于东屿村下社，坐东朝西，建筑为前后两进夹一天井的闽南台湾型传统建筑。第一进面阔3间，进深1间，加叠顶双燕尾脊。第二进面阔3间，进深3间，单条燕尾脊。门厅、主殿均为抬梁式构架，硬山顶。此堂装饰较为精美，大门两侧有精美的圆形透雕石窗，梁架上有精美的花卉、狮子、大象和鳌鱼等木雕，有较高的艺术价值。庙内有清光绪十二年（1886年）《重修世德堂碑文》石碑一座。

【重修世德堂碑文】清光绪十二年（1886年）

吾族世德堂庙者盖自吾祖踵如澄地，卜居长江之时，妥得我所

世德堂

立庙则以名堂以□□□□□□以裕后昆然则世德堂之祖庙由来久矣，迨至光绪癸未之春忽遭火灾焚毁□□□然坵墟而为孙子者能毋目击心伤耶，念祖宗几经营度而一旦秉□□火复能堂□□□承重新庙貌平，而幸有妈吕之孝思切乎，尊祖敬宗念深于水源木本，兴思及此不□□□出而倡为义举首捐重贵时则有□□□吉于乙酉年葭月□□□六日兴工，至丙戌年阳月念竣，庆成进主□□□共□□□千元有□□

重修世德堂碑文

而捐项不敷□□□之孙子亦费其祖业以相帮助，余则裔孙妈吕补足□□庙□□祖宗之灵□□□蒸尝□祀祖豆常昭其事新，孝子贤孙□□□以□□为孙子入庙思敬。祖德可以谨将所捐芳名勒石以垂不朽，云是为。。禁祖庙内不准堆积五谷紫草什物，违者重罚□□□约倘有公事要入祖庙者当向四房头之人□□□行不得擅自启门。谨将所捐名次开列于左

妈吕捐银陆百员（略）

光绪十二年丙戌葭月十五日穀旦　众家长仝

李妈吕宅

　　李妈吕宅为清后期下南洋经商的村民李妈吕所建。该宅位于东屿村村南路 49 号，是一处保存较完整的闽南台湾型传统四合院民居。坐东朝西，为清后期早段所建，中轴线上有两座建筑，前为门厅，

面阔 3 间、进深 1 间。后落为主厅，面阔 3 间、进深 2 间。前后落之间为花岗岩条石铺砌的天井，两侧为厢房，它的左侧有两列护厝。其中，外侧护厝残存后段，右侧有一列护厝，无论是主体建筑还是护厝、厢房、过水廊，均为马鞍形山墙、平背。墙体下部用花岗岩条石砌筑，上部为红砖墙，墙面抹灰，梁均架于墙体内。该宅朴素无华，没有精美的木雕和石雕，仅在大门和石门轴上有简单的木雕花卉和"囍"石刻。

损毁原因主要为阳光、暴雨、台风、虫害等自然因素导致的自然老化。"文化大革命"时，屋内两幅清代画像被烧，年久失修，左外侧护厝残存后段。

李妈吕宅俯视全景

柯于恭宅

柯于恭宅建造者为柯其柱，位于村南路 237 号，为清代后期闽南台湾型传统四合院。由院前横屋、左右护厝、主厅等部分构成，坐东北朝西南。院前横屋面阔 3 间，进深 2 间，平背、马鞍形山墙。左右护厝均为马鞍形山墙、平背，其中右侧护厝还单独砌成一栋独立院落。后进为主体建筑，面宽 3 间，中间为主厅，左右前后各 1 间寝房，顶为单条燕尾脊。它的梁架、大门、左右墙体、屏风及雀替均有十分精美的木雕，主要是花草纹和狮子，有较高的艺术价值。梁直接架于墙体，大门两侧有蓝色的"卐"字纹相连的彩绘图案。

柯于恭宅正面全景

李竹宅

李竹宅位于村南路 95 号，是由围墙、前庭、前落、天井、后落及左右护厝构成的闽南台湾型传统建筑，坐东南朝西北，为清代晚期所建。前后落均为假叠顶双燕尾脊、硬山顶，梁均架于墙体上。前落大门口有内凹形廊道，面阔 3 间，进深 2 间。中间为门厅，左右为寝房。天井两侧各有两间厢房，平脊、马鞍形山墙。后落面阔 3 间、进深 2 间，中间为主厅，左右两侧为寝房。左外侧原有一列护厝，现仅存后半段，为马鞍形山墙、平脊。

该建筑的外墙下部均用花岗岩条石砌筑，上部为红砖墙。它的右侧门外有一素面条石型的石敢当，高 1.6 米，宽 0.2 米，厚 0.16 米。该宅对研究厦门的古建筑类型具有一定的价值。损毁原因主要为阳光、暴雨、台风和虫害等自然因素导致的自然老化，年久失修，左护厝残存后段。

李竹宅正面全景

屿坪山明墓

屿坪山明墓位于东屿村西北约900米的东坡上。墓略坐东朝西，是一座用花岗岩制作墓顶石的石龟墓。墓葬前低后高，坟堆即为龟背状的墓顶石，长2米，最宽处1.45米，高约0.55米。墓顶石架于中间有石柱支起的花岗岩石梁上，构筑成墓的上部。由龟的前端的铭文可看出，此是一处夫妻合葬墓。墓前部为半圆形墓茔，现已充填着大量的泥土，估计此墓形状当为常见的官帽状，墓围为三合土构筑。墓长8.3米，宽3.8米，高1.12米。

屿坪山明墓

李永响宅

李永响宅为闽南台湾型传统建筑,建于清代后期,由庭前广场、前落、天井及左右厢房、中落、天井、后落和左右护厝等部分组成。前落为假叠顶双燕尾脊,中间为门厅,左右为寝房,面阔3间、进深1间。中落为主体建筑,单条燕尾脊,面阔3间、中间为主厅,左右各有前后两间寝房。前落和中落之间为花岗岩条石铺砌的天井,天井两侧各有1间平脊马鞍形山墙的厢房。后落即为后界,即后寝,为一叠顶双燕尾脊的长屋。左右两侧各有1列相互对称的护厝,每列6间房,马鞍形山墙、平脊,屋脊前低后高。前落正立面墙基为泉州白花岗岩条石砌筑,下有精美纹饰的地牒,前后落的梁架、雀替等处有精美的木雕。屋脊有精美的花朵、龙、凤等剪粘。水车堵及窗额等处有精美的山水、花草彩绘图案。主

李永响宅正面

厅供奉"清授奉直大夫李琴堂五品夫人陈太君"等牌位，并有供桌。该宅占地面积约 927 平方米。"文化大革命"中，堂内大量精美石雕、木雕被毁。

李永响宅的建造者李永响是清代末期在缅甸致富的米商。此宅对研究厦门古建筑的类型和华侨史具有较高的价值。

柯国良宅

柯国良宅为清代后期闽南台湾型传统四合院，坐东北朝西南，由大门及围墙、前后两落大厝、左侧护厝组成，分庭院、门厅、天井、左右厢房和主厅等部分。前座大厝为假叠顶双燕尾脊，中间为门厅，两侧为左右寝房，后为天井。天井两侧为平脊的马鞍形山墙的厢房。

柯国良宅前景

后座大厝为主体建筑，假叠顶双燕尾脊，中间为主厅，为寝房各两间。其中，右侧前寝房内有木板所隔的阁楼，左侧护厝也是燕尾脊，梁均直接架于砖墙之上。前后进的梁架、雀替、窗棂和屏风等均有精美木雕，主要是象征平安富贵的瓶中牡丹花、螭龙纹、狮子和象等。此外，前落门厅正立面两侧墙体有六边形和菱形砖组合的拼砖花瓣图案。屋檐下的水车堵彩绘人物及山水画卷。门廊两侧墙体有彩绘勾连纹图案纹饰。可以说，其艺术文化品位相当高，是厦门古建筑中的精品。

东屿洋楼

明清两代东屿村有许多先辈漂洋过海到海外谋生，他们不畏艰险，扬帆启航，下南洋，将辛苦挣来的钱寄回老家建大厝。由于在

洋楼主楼正面

海外接触了与闽南传统建筑风格迥异的洋建筑，因此他们回家乡建的大厝不免带有一些洋式建筑的风格。

东屿村的这座民居就是一处西洋建筑与闽南传统建筑相结合的民国时期建筑。它位于海沧区东屿村村南，为由两栋近代西洋楼和一栋闽南传统建筑组成的长方形庭院式建筑群。它的主楼和附楼均1935年建，砖、石、水泥结构。其中，主楼平面为"凹"字形，即两端楼体正面为三棱柱体，中间内凹为廊道的典型的两层洋楼建筑，它面宽12.7米，进深13.3米，面宽进深均3间。墙体下部用花岗岩条石砌筑，上部为砖、石、水泥结构，但墙体主要是用红砖错缝叠砌。它的装饰为中西合璧，如门额、窗额、窗下、楼体正面等处，均用水泥堆塑出精美的西洋式双狮、地球、飞鹰、卷草纹、垂幔纹、花卉和人物等，还有中国传统的麒麟、凤鸟、牡丹花等图案和纹饰。厅内用闽南传统的六边形红砖铺地，墙体上贴着绘满花卉的洋瓷砖。

洋楼主楼楼顶装饰

主楼的南面还有一座两层洋楼为附楼建筑。楼上有走廊，窗额、门额上也有泥塑的双狮装饰或绘中国传统书画图轴人物故事、榴莲花等。厅内墙体下部有仿闽南传统建筑中的"十"字、六棱体等组合的拼砖图案。

两楼中间的西部有一座20世纪四五十年代建的闽南传统民居建筑，面阔3间、进深1间，马鞍形山墙、平脊，为厨房。这是一处西洋建筑与传统的闽南建筑结合成一体的民国时期建筑，对研究厦门地区民国时期洋楼建筑类型和中西建筑文化的融合很有价值。房主李建才的祖上早年在新加坡打工，在替人运输大米过程中因米遭雨而意外发财。

抗日战争时期，楼体外墙遭日本飞机轰炸，因有炮痕而重修。1959年，台风致使房屋大门倒塌。闽南传统建筑部分损毁，1960年重修。

东屿石狮爷

石狮爷又称"石狮公""风狮爷"，为石雕的狮子像，是闽台常见的辟邪之物，通常放置于村落的风口处，作为镇风止煞之标志，是村落的守护神。东屿村的石狮爷位于村南路109号房屋旁，为清代所立。造型仅有头部，昂首前伸，微笑，长0.34米，厚0.3米，宽0.24米，头朝南，保存基本完好。该石狮原来立于一座祠堂前，后祠堂倒塌，仅石狮保留下来。

由于福建南部东北季风旺盛，闽南沿海一带村落经常设立风狮爷来镇风驱邪，护佑村庄风调雨顺，出海渔船平安归来。风狮爷造型主要有立姿、蹲踞两种。立姿在比例上四肢显得细小，刻工技巧粗糙细致不一，脸部表情一般为圆眼凸出，狮鼻头宽阔，

东屿石狮子

风狮爷

龇咧大嘴或露出牙齿，表情有凶悍、露齿含笑，也有狰狞或稚气像。风狮爷的造型可能是由庙宇门口的石狮形象演变而来，狮子为百兽之王，自汉朝中国引进狮子之后，其形象就被用作驱邪招福之物。

【漳贰守沈公惠民泥泊德政碑】

癸酉顺天府解元□□解元海澄立台柯挺，

赐进士出身奉直大夫吏部验封司员外郎同安胡洲池，

赐进士出身承直郎应天府通州通判平和西□□。

长江地跨海，海时潮汐，不可以耕，故其民居类多藉泥泊□□□。泥泊者，水汐泥沙而为泊□□□□□则□□□□□□鲜，贫而孤鳏者朝夕取/自给，故群然呼之为海田，非此则吾长民之为生亦廮矣。□之界则自大埭迤□而南抵陈公屿□□□□□泥泊，界东则吾长民有也。长旧输课/盖其时民事渔，鱼鬻于浙之温等州乡，鱼艘以百计，故课□，今则此渔者艘废矣，米无所□。□则以泊□□陈公屿□□洲者，取其所产抵办之。大都此□/吾长民以之为生，亦国课之所关系，其不可以豪右擅也，较然矣。蔡姓汝洞者，钟林社人也，与吾长邻里，许其族豪其□交/往□□人以自利植，蹈于法不惮。始者，擅吾界/长民巽软，莫彼何也。既则，入罪民□（林）先春奸擅吾中洲泊，□□无所资给，而所输米不前矣。□方□□□□□之，则有慨于中曰：有能步而前言，为有司/未几而（下缺）/帝畿乡书，上春官，偶□归。吾长父老则与喝然喜曰：今两步且前矣，其必能为吾侪伸之有司矣。顾挺犹□必言/横公，然鞭挞吾民□□□□□抑不能平也，则相率讼之巡海陶公。陶公曰：□□□□□□之命，海防沈公鞠其□□□□□□□□

诸与论，得蔡佼诘状，果如长民讼，则以法坐□光者，揭为傍□□□□□/者获甦，其产之□□□□□供公不废，佥曰：公之德在吾长民，不可泯也。相与伐石记之。夫古循良之吏多/者□□□□□□□□□□□土人亟念之，而为之所廼。沿海之民，资舟楫，冒巨测，以□求生计，□□哉。甘/□寒□□□□□□□□□□□沙不足以尽其状，而竟不得博一饱之欢，此其为生，尚何可言彼佼讼者/□□□□□□□□□□者如疏□之入以膏脂，吾民岁入以倍，倍而于泊则每每严擅者之惩□□□□/□□□□□□□□□□□□□生，亦与事稼穑者均可

漳贰守沈公惠民泥泊德政碑

朝夕而无忧，此之德迹视彼详沟渠陂湖者，岂□□。

　　□□□□□□□□□□□以廉于法云。公讳植，别号二思，丙午乡进士，湖广临湘人也。武进士李佐。

　　庠生李□、李□、曾从吉、张富、曾唯道、李洪、杨凤呈、柯完甫、刘养性；

　　耆民张□□、张惠、李景、柯惟澄、曾干晓、柯长、柯乔岳、李从学、柯时佐、林池、李玄□、柯朋。

万历四年□月吉日

【海澄邑侯汪公惠民泥泊德政碑】

　　澄地滨大海，所在多藉海泊为生，县治之东北有长屿孤处海中，环四面皆水，无半亩耕获之利，资泊尤亟。明初柯、李二姓应户部给由来此土，始率族居，□用供公赋，资民食。隆万间苦邻豪蔡姓之侵，讼于观察陶公，命二守沈公鞫之，置蔡于法严之□，□□□者悉以□长民乡贤柯公挺勒石纪其事，自是豪右敛迹，民安其利者百余年。越时既久，故习复萌，以众□□，□□□柯久伯、刑部公五福官京师，未遑申理。迨乾隆间蔡姓横侵愈甚，于是族弟六宜及柯君薰控于官。邑侯汪公□□□地，□勘得实，遂按界申禁，还其旧□，惟强弱相凌之风竞矣。澄称邹鲁邑，柯、李皆宦族文物甲三都，特以人少而见侵其地，可知夫因俗立政，存乎法；随时□□，存乎人。自沈侯以来，年久令弛，遂有我公起而慕之，□暴安民，俾僻滋穷黎亦得藉自然之微利以赡其生。信乎善作者必有善成，善始者必有善继，我公之德，直与澄海长流矣。《诗》曰："不侮鳏寡，不畏疆御"，请为我公颂；又曰："乐只君子，德音不已"，请为我公祷。公讳家璆，别号容轩，丁巳进士，浙江钱塘人。

海澄邑侯汪公惠民泥泊德政碑

赐进士第礼部仪制司主事加二级治年家（下缺）

赐进士第知河南光山县（下缺）

（上缺）候选参军：李五品、柯理、李六佐、李君长。

（上缺）韬、柯用适

（上缺）行、李六符、李六吉、李六衍、李圣征、李六卿、柯用钰。

（上缺）李七明、李天培、李七箴、李在堂。

（上缺）李六将、柯用梅、柯用基、李从龙、李世登、李世泽、李世辉。

（上缺）万、柯秉贞、李应祥、李□□、李超然、李□达、柯□□等仝立石并录县主谳语于左。

勘（下缺）厅踏勘绘图，详覆，给示禁止。嗣蔡佳等仍前越界采捕，复移查讯议详，乃蔡（下缺）。现有水港一道，蔡姓越至港东，称"柯、李、蔡三族公立石为界"等语。夫海中潮汐（下缺）族公定，亦当勒明"某姓泊界"字样，或呈官立案，或合约为凭。今一无确据，而所开族（下缺）同立界之事，其为蔡姓自行设立，藉词妄占，已自显然，然时值封篆，始宽免究。当分三（下缺）属蔡，各照定界为业，取具二比遵依备案，毋得再行混争，干咎此案。

乾隆拾叁年□□日，李六礼、阳镌，柯李应分海泊，载在碑边，特白。

长屿五甲海泊柯姓得陆分，李姓得肆分，永远遵守，特记。

已消失文物

旧城墙　以前在东屿的顶社有一段残存的明代城墙为夯土结构。明朝倭寇经常骚扰东南沿海，村里老人推测，城墙是为了抗倭防倭而建的，现已消失。

古桥　东屿原有两座古桥，一为顶社桥，一为下社桥。据说，这两座桥都是清代下南洋致富的村民李妈吕所建。李妈吕年幼家境贫苦，经常忍饥挨饿，到南洋发财后，她捐了许多钱为村民建桥修路，做了很多善事。

五角宫　原址位于村中路，为东屿村全体村民供奉保生大帝、佛祖、水仙王的庙宇。后因柯、李两姓发生矛盾，五角宫年久失修倒塌。清雍正年间，通过卜杯决定柯、李两姓各建一座宫庙。下社李氏建中元宫，供奉保生大帝、水仙王；顶社柯氏建佛祖庵，供奉佛祖。

据说，庙里原存有几块明清碑刻。明代碑记记录：一个乞丐死在东屿村五角宫，村民被诬陷是打死乞丐的凶手。当时，海澄县汪县令亲临五角宫调查，为村民洗清冤情。清乾隆年间，碑记记录东屿村划分为顶社与下社的界限。现在碑记被毁，庙宇也已经消失了。

另有两座庙宇名叫屿头宫和下肩庙，现已消失。

柯挺祖屋　祖屋位于柯氏家庙享德堂后侧，现已消失。柯挺是明万历年间进士，曾任七省巡按。柯氏后人为了纪念他，制作了一尊柯挺的塑像放在祖屋中供奉。后来，塑像与屋里的大量古书都被烧毁，据说大火烧了三天三夜。

遗失古迹追忆

东屿旧称"长江"，又名"长屿"，历史可追溯到唐代。明清时期，由于社会动乱、民不聊生，一些村民背井离乡到南洋一带谋生。积累了一定的资本后，他们将财富寄回故乡置地建房。现在，村庄遗留下来的古建筑多为下南洋的侨民出资建造。

随着城市化进程的加快，许多古建筑渐渐消失在岁月的长河中。当"风土海沧"民俗调查组走进东屿村后，见到了鳞次栉比的现代化小洋楼。它们仿佛宣告着村民生活的富足。在僻静的小巷中，一两栋古宅映入眼帘。只是这些古宅早已褪尽铅华，显露出苍老、衰败的气象。也许不久之后，它们将被现代化的城市景观取代。为了追溯村庄的历史，调查组找到几位老人家，请他们讲讲村庄那些已经消失了的古迹。

东屿自古以来三面临海，只有东北方向连接陆地，为了出行方便，历史上曾建有几座石桥。其中一座通往钟山村，叫"山洞桥"。另外一座通往石塘村刘山社，叫"刘山桥"，该桥为明万历年间东屿村民柯挺出资建造，桥长约 600 米，仅一块石头就长 5~6 米，重达 8 吨。据说，还有两座桥是清代下南洋致富的村民李妈吕所建，一为顶社桥，一为下社桥。此外，村庄东面的滩涂上还有一座石头桥，长约 900 米，船只停靠码头后，乘客可从桥上步行上岸。沧海桑田，岁月更迭，令人倍感可惜的是，如今这些古桥早已湮没在历史的洪流中。

李亚平回忆，在自己年幼的时候，东屿顶社还有一段残存的明代城墙为夯土结构，小孩经常在那儿嬉戏打闹。这段城墙是用来做什么的？老人推测，在明朝的时候，倭寇经常骚扰我国东南沿海，东屿邻近海边，不时有倭寇前来光顾。为了防倭抗倭，村民就在村周围建起夯土城墙来抵御侵袭。残存的这段城墙后因村民建房被拆毁。

清代以前，村里有一座庙宇称"五角宫"，原址位于村中路，为全体村民供奉保生大帝、佛祖、水仙王的场所。五角宫里存有几块明清碑刻。五角宫年久失修倒塌，石碑也已消失无踪。为了让村民有个供奉神明的地方，清雍正年间一些村民通过卜杯决定，柯、李两姓各建一座宫庙。下社李氏建中元宫，供奉保生大帝、水仙王；顶社柯氏建佛祖庵，供奉佛祖。中元宫和佛祖庵发展至今成为村内规模较大的庙宇。除了五角宫外，村里早年还有两座庙宇——屿头宫和下肩庙，后因年久失修倒塌，消失在新的建筑群中。

　　还有一处古迹是柯挺祖屋。柯挺是明万历年间进士，曾任七省巡按。祖屋原位于柯氏家庙享德堂后侧，柯氏后人为了纪念他，曾制作了一尊柯挺人像放在祖屋中供奉。

第二节　宗教信仰

　　东屿村历来便有顶社和下社之分，顶社村民柯姓为主，下社则以李姓居多，因此有"顶社柯，下社李"的俗语。东屿村主要的几座宫庙——佛祖庵（乐善堂）、中元宫、王爷间也分别由顶社和下社的村民管理，年代较近的妈祖庙则是各个姓氏共同管理。而这些宫庙日常的朝拜、神灵的诞辰庆典、进香活动则是全村人共同参加，没有姓氏和地域之分，体现了村庄的和睦与团结。

　　东屿村的几座庙宇供奉的神灵来历不一，有的说是由先辈从原住地带过来的，如佛祖庵；有的是祖先定居东屿之后从某一信仰中心请神分灵而来，如中元宫和顶社王爷间。宫庙里面除了主供的神明外，往往还兼供其他神像。例如，佛祖庵除了供奉观音菩萨外，还兼有注生娘娘、福德正神；中元宫除了保生大帝外，还供有水仙尊王、三元帅等。这也是闽南地区民间信仰丰富多彩、和谐相处的体现。

　　庙宇的神明们在村民的生活中扮演了非常重要的角色。村落日常生活中有很多事情需要向它们请示，大到婚丧嫁娶、乔迁动土的日期，小到一时的头疼脑热，村民都会通过卜筊或抽签来向神明询问。因此，庙宇内必定备有竹制或木制的杯筊和签筒，这是人神交流的重要工具。此外，与庙宇配套的还有添烧金银纸的金炉和娱神唱戏的戏台。在神明的诞辰日或进香日，庙宇都是举办祭拜仪式的重要场所。在日常生活当中，庙宇所在地也是人们闲聊、纳凉、玩耍的好去处。东屿村的几座庙宇可以说是村落中最重要的公共空间。

值得一提的是，东屿村还有一些村民信仰基督教，虽然为数不多，但也有一定历史，体现了村民宗教信仰的多元化。

佛祖庵（乐善堂）

佛祖庵又称"乐善堂"，坐落在东屿村顶社的大榕树下。据介绍，该庙已有 700 多年历史，历经沧桑。1959 年由于受"823"台风倒塌，该庙于 1982 年重建，1997 年扩建。现在除了主殿外还

乐善堂

建有戏台、厨房、卫生间等配套设施。庙里主供观音菩萨（三姐妹），兼供注生娘娘，福德正神等神明。这些神明还兼任镇宅之神，村民在乔迁新居或结婚时，会将庙里神像请到家里坐镇一个月，早晚烧香燃纸朝拜，祈求神明保佑诸事平安。

每年的农历二月十九、六月十九、九月十九这三日是观音诞辰，庙里都要举行庆祝仪式。一到观音诞辰的日子，从早上六点开始，村民就准备好香烛、鞭炮、供品到庙里祭拜，并自发添香油钱。信女菜友（女村民自发捐款组成）也在庙里的厨房准备供品和午餐。庙里香烟缭绕，庙外鞭炮声此起彼伏。下午两点，请来的歌仔戏班开始"跳加官"，也就是求神如愿的人家请戏班举行的酬神仪式，俗称"三出套"。晚上七点左右开始演歌仔戏，连演好几晚，多为村民个人答谢。除了每年三次观音诞辰庆典之外，乐善堂每三年还举办一次平安清醮仪式，祈祷风调雨顺、国泰民安。

乐善堂的日常事务都由理事会处理，会员每五年一任，由村里热心公益事务的年长者担任。现在是第四届，共 44 人组成。其中，3 名监理、36 名常务理事、1 名会计、1 名临时会计、1 名出纳、1 名临时出纳和 1 名宫庙管理员。

理事会每月都会公布一次庙里的收支情况，逢重大节日时当天公布，保证专款专用。除了庙里的日常花销和重大节庆开销外，理事会还非常热心公益事业，每年"六一"儿童节还会给小学捐款，往年碰到水灾、地震时也积极捐款，真正体现了乐善好施的精神。

佛祖庵供奉神明

观音菩萨　观音菩萨又名"观世音菩萨""观自在菩萨"等，是四大菩萨之一。他相貌端庄慈祥，经常手持净瓶杨柳，具有无量的智慧和神通，大慈大悲，普救人间疾苦。当人们遇到灾难时，只要念其名号，便前往救度，所以称"观世音"。在佛教中，他是西方极乐世界教主阿弥陀佛座下的上首菩萨，同大势至菩萨一起，是阿弥陀佛身边的胁侍菩萨，并称"西方三圣"。

注生娘娘　注生娘娘俗称"注生妈"，有些地区称为"送子娘娘"，是闽南和我国台湾一带最受尊奉的生育之神，主管妇女的怀孕、生产，是许多不孕妇女的信仰寄托。注生娘娘的造形，多是左手扶簿本，右手执笔，象征其记录家家户户子嗣之事。注生娘娘的从神为"婆姊"，又称"婆姐"或"婆祖"。传说，其鸟首人身，或称"鸟母"，有 4 位、6 位、12 位、24 位、36 位婆姐等说法，辅佐注生娘娘保佑妇女护产安胎。

福德正神　福德正神民间俗称"土地公"，也称为"福德爷""伯公""大伯爷""后土"，或简称"土地"。在民间，土地公也被视为财神与福神，因为民间相信"有土斯有财"，因此土地公就被商家奉为守护神。据说，他还能护佑五谷丰收，因此很多人就把土地公迎进家里祭拜。一般家庭的厅堂五神中必有供奉土地公，家中没有供奉土地公的，也在每月的初二、十六，在家门前设香案、烛台、供品进行祭拜。

中元宫

中元宫最早是东屿村下社李姓建立和供奉的庙宇，现存新旧两座中元宫。自从新宫庙建好投入使用之后，旧庙宇就成为堆放蜈蚣阁制作材料的仓库了。

据说，中元宫始建于明代末期，距今已有 400 多年历史。据宫庙现存的清光绪十九年（1893 年）《重修中元宫碑记》记载，光绪

中元宫旧址

中元宫新址

年间由于宫庙规模较小、年久失修，由热心村民李妈吕带头捐款，村民自发集资，历时一年扩建了庙宇。这是最早的关于宫庙重修的文字记载。

1959 年，宫庙受台风影响倒塌，1983 年再次重建。当时建成的就是现在位于新中元宫后面的旧宫庙。虽然旧庙现已年久失修、墙面斑驳，成了放置蜈蚣阁制作材料的仓库，但是门上的彩绘神像依旧栩栩如生。墙上的石刻对联也依然遒劲有力，门口的一对大石鼓像老者一样默默地守护着宫庙，仿佛在诉说着往昔的岁月。

2010 年时，由于 1983 年重建的中元宫缺乏修葺，石雕和木雕构件损坏严重，村民自发捐款 137 万元人民币用于中元宫的重建。经过重新选址和一年多的建设，一座金碧辉煌的庙宇屹立在东屿村的海边。据介绍，新建筑的仿古风格是参考了许多宫庙才定下来的。为了让后代铭记先辈重修宫庙的历史，村民们将光绪年间的重建石碑砌在了宫庙的墙上。

中元宫分左、中、右三殿，左殿供奉水仙王。水仙王，也称"水仙尊王"，是中国海神之一，以贸易商人、船员和渔夫最为信奉。中元宫内供奉的水仙尊王，是善于治水的夏禹。中殿供奉三宝佛，右殿供奉保生大帝、三元帅。此外，殿内还供奉千里眼、顺风耳、土地公、注生娘娘等。

中元宫每年的重大庆典有农历正月二十保生大帝进香和三月十五保生大帝诞辰。每年这个时候，庙里都要热闹好几天，村民准备供品到庙里祭拜，并答谢歌仔戏。

中元宫的理事会每五年一届，成员是由村民推荐村里德高望重、热心社里事务的老人家担任。理事会有 5 个主任、28 个常务理事、50 多个理事。从 1985 年开始，宫庙定于每年正月二十将保生大帝的神像抬到青礁慈济宫进香。1987 年，在进香的队伍之中开始出现蜈蚣阁。此后，蜈蚣阁进香逐渐成了东屿村特色的民俗之一。

中元宫原本是属于村里下社李姓建立和供奉的庙宇，每年的主会（宫庙事务负责人）也是由李姓的三个房头卜出，到东宫进香也主要是李姓人参与的事情。但是自从新庙宇建成之后，进香变成全村人的一项盛事，主会也由全村12个小组轮流卜出（主会一年卜一次，担任主会的人必须是夫妻双全的已婚男子，想卜主会的人先向庙里报名。已报名的人于正月二十一下午在中元宫保生大帝神像前集中卜杯，得到圣杯最多的人当选主会）。主会选出后，保生大帝的香炉要被请到主会家中供奉一年，等农历正月二十保生大帝神像到青礁慈济宫进香时，主会就要手捧香炉，让亲戚帮助撑着凉伞，坐在车上一路捧到东宫。

中元宫供奉神明

保生大帝　名吴夲（979—1036年），字华基，北宋福建同安白礁乡（今龙海市角美白礁村）人。曾任宋御医，后悬壶济世，医德高尚，深受人们敬仰。去世后被朝廷追封为大道真人、保生大帝，乡民建庙奉祀尊为医神，著有《吴夲本草》一书。现在中国境内有数百处供奉吴夲的保生大帝祠堂。

三宝佛　一般是指大雄宝殿供奉的三尊佛像。三宝佛可以指横三世佛，有东方药师王佛、中央现在佛和西方阿弥陀佛；也可指纵三世佛，有过去佛燃灯佛、现在佛释迦牟尼佛和未来佛弥勒佛。三宝佛是大乘佛教的主要崇拜对象。

三元帅　三元帅，即民间俗称的太子爷李哪吒，或称哪吒太子、大罗仙、太子元帅、哪吒元帅、哪吒三太子、太子爷、金康元帅、金环元帅、罗车太子、李罗车、罗车公、玉皇太子爷等。哪吒的神像一般为右手倒提紫焰火尖枪，左手正握乾坤圈，脚踏金霞风火轮，身披混天绫，容貌丰圆，威严中又显示着童气的少年模样。道教以哪吒为护法主将，凡瘟疫或驱邪消灾，都祭拜太子爷以化难解厄。人们普遍认为其法力无边，具有能消灾解厄的能力。

千里眼、顺风耳 千里眼、顺风耳是道教中的两位守护神，地位虽然不高，流传却很广。这两位分别拥有特异功能，千里眼能够看到千里之外的物体，顺风耳则能听到千里之外的声音。

旧庙对联

保生大帝 原愿乃坚毅降邪驱魔，中心本慈悲济世救民。
保卫生灵护我黎庶，大挥帝力胜赛岐黄。

水仙尊王 水不兴灾万民安宁，仙有妙法造福千邦。

新庙

东临鹭江碧海眺远峰，屿地佛光普照显神灵。
生财慈济福安康，保佛妙法显无极。
齐心合力筑成果，同心同德凝爱心。
水激波涛赐财宝，仙行神威护万民。

中元宫供奉神佛生辰庆典

三宝佛 农历十二月初八。

水仙王 农历十月初十。

保生大帝 农历三月十五。

注生娘娘 农历三月十五、三月二十。

土地公　农历八月十五。

保生大帝、三元帅　农历正月二十到慈济东宫进香。

【重修中元宫碑记】（清光绪十九年）

社有中元宫中祀佛祖，左祀水仙王、右祀大道公，赫赫神灵有感即应，则所以叨沐庇佑者，德至矣哉。乃自创建以来规模狭隘，历久剥落，上雨旁风甚非，所以庇威灵而七福祥也。屡谋兴修，辄至中止，缘无身任力肩者。独李妈吕目睹怃然，引为己任，而宗族人士至经营在外国者无不踊踊捐输焉。爰于癸巳之春购地庀材鸠工集匠增筑禅室，广辟径庭，建惜字亭筑后山岩，其宫向仍旧而庙貌增新越秋告竣，卜冬落成，岂非神之灵而吕之力哉，由是神安尔降福荷麻岂有涯欤，顾是役也，计费千五百余员，斯人乐输之功不可喧也。用此诸石示之永久，谨将捐款定为名次列下流芳。

李妈吕捐缘壹仟元

李永响捐缘陆拾元　　　　李山祐捐缘拾贰元

李德漳捐缘陆拾元　　　　李九泉捐缘拾贰元

李德隆捐缘陆拾元　　　　李两再捐缘拾贰元

李甫捐缘陆拾元　　　　　李虚捐缘拾贰元

李寿山捐缘肆拾元　　　　李崇团捐缘拾贰元

李寿昌捐缘肆拾元　　　　李崇回捐缘拾贰元

李景兴捐缘叁拾元　　　　李崇因捐缘拾贰元

李文献捐缘贰拾元　　　　李崇囷捐缘拾贰元

李妈素捐缘拾贰元　　　　李明华捐缘拾元

李春风捐缘拾贰元　　　　李永流捐缘拾元

李建利捐缘拾贰元

重修中元宫碑记

【重建中元宫碑文】（2010 年）

据悉本宫建于明代末期，至今已经历数百年，风云变幻。原宫貌简易又破损，周边民宅及场地不适宜用。

然而激发起村民信众重建新中元宫之信心。涌现出一些同仁义士，以身作则，无私奉献之风格，村内外善男信女、同心同德、齐心合力，自愿捐资共建，将原宫址改移至左方大榕树前新址。于二零零九年四月（农历乙丑年三月）动工，以仿古建筑、石木精雕、剪精贴金、绘画、宫式结构图案施工，翌年农历十二月竣工，新宫风貌非凡、宏伟壮观、佛光普照、宫场宽广、铺石栽榕、绿化环境、景色优美、令人赞叹。

本宫主体建筑面积约 366 平方米，投建资金 130 万多元。共收捐资 130 万多元，特将捐资名额铭刻于石碑，以世代流芳，承前启后，继往开来，发扬光大。

新中元宫筹建小组成员列（略）

重建中元宫捐资芳名榜（略）

妈祖宫

妈祖也称"湄洲妈祖"，是历代海洋贸易者、船工、海员、旅客、商人和渔民共同信奉的神祇。妈祖在福建、广东、海南、我国台湾地区、东南亚中有广泛的信仰。

妈祖原名林默娘，相传生于宋太祖建隆年间的三月二十三日，卒于宋太宗雍熙年间。据说，默娘生来就不会啼哭，长大后有预测风云等能力，经常为湄洲岛上的渔民预测出海时的天气情况、义务采药治病等。她为救遇险船只，曾点燃自家的房子，用火光做航标引导迷途船只归航。有一天风雨大作，默娘义无反顾到悬崖边为海上危急的渔船领航，结果不幸被风浪吞没。岛上渔民为了纪念她，自发在湄洲岛上立祠祭祀，尊其为神女，肇称妈祖。1000 多年来，随着航海业发展和华人移民，妈祖信俗从湄洲妈祖祖庙分灵传播到世界 20 多个国家和地区。现在，全球已有 2 亿多信众和 5000 多座妈祖庙。

据统计，海沧区主供妈祖的宫庙共9座，东屿村妈祖宫就是其中之一。据妈祖宫理事会介绍，东屿村的妈祖崇拜最早可以追溯到明代后期。由于东屿村民自古以打鱼为生，家家户户崇拜妈祖，最早的时候村民自发在家里设立简单的妈祖神位进行祭拜。后来，村民们集资在海边船只靠岸的大码头处建立了一座小型妈祖庙，但在一次强台风袭击东屿时，庙宇被狂风暴雨所毁。1994年，村民集资再次在原址重建。由于村民围海造田，原来位于海边的宫庙位置也随之变成了内陆，正好处于村西路旁。

与一般妈祖庙仅供奉一尊妈祖的神像不同，东屿妈祖宫里供奉着两尊妈祖神像。其中一尊是由湄洲妈祖祖庙分灵而来的神像，另外一尊的来历则颇为曲折。据说，在一次20世纪50年代的台风时，

妈祖宫

一座木制妈祖的雕像漂到了东屿村附近的海面上，正好被村民谢乌定捡到。当时，由于正值社会上破除封建迷信的时期，他不敢将妈祖像公开摆出来供奉，而是简单地将其安置在一棵大榕树下。后来，1994年村民集资重建妈祖宫的时候，他才将捡到的妈祖神像请到新落成的庙里供奉，所以现在妈祖宫里有两尊妈祖像。除了供奉妈祖之外，庙里还供有土地公、顺风耳、千里眼三尊神明。值得一提的是，顺风耳和千里眼两尊神像雕刻得栩栩如生、惟妙惟肖。顺风耳的右手搭在右耳边上像是在倾听远处的声音，而千里眼则手搭凉棚作远观状。

　　宫庙除了供奉妈祖的主殿外，还有两侧厢房。平日里，村民聚在这里泡茶聊天；庆典时，这里就作为接待客人、堆放供品的场所。

妈祖宫内景

庙前的戏台是宫庙重建时搭建的，戏台旁有块碑刻，上书"甲戌年"，也就是建庙年代 1994 年。戏台旁边还有一棵枝繁叶茂的老榕树，下面砌了一些石头的桌椅。每当夕阳西下的时候，老人家都会来此泡茶、下棋和聊天，这里俨然成了村民休闲的好去处。

由于东屿妈祖宫是湄洲妈祖庙的分灵庙，因此每年农历三月十二，东屿村民都会把妈祖神像带到莆田湄洲岛祖庙进香。据理事会人员介绍，这个习俗从 1990 年开始至今已有 20 多年，参加进香的人数也逐年增加，从刚开始的 10 多人发展到现在的五六百人。由于路途遥远，理事会需租用大巴车，凌晨就从庙里出发，经过 3 个小时车程到达湄洲妈祖庙，随行的村民们把妈祖神像抬下大巴车，在进行了隆重的朝拜和添油香仪式后才返回。回村后，在艺阵的簇拥下，村民把妈祖神像抬到村里绕境巡游一圈，直到下午四点半左右妈祖圣驾才打道回宫。整个进香过程长达 14 个小时。虽然时间长且路途遥远，但是一路上都有虔诚的村民、艺阵表演者不辞辛劳，从早到晚一路随从，体现着妈祖信俗经久不衰的魅力。

东屿作为沿海渔村，自古以来村民都以渔为业，世代在海上搏风浪、谋生计，妈祖是他们的保护神。现在随着村庄的发展，以讨海为生的村民少了，但是对妈祖的信仰却一代一代地流传下来，成了一项不可或缺的传统习俗。

妈祖宫牌匾　东屿妈祖宫（丙子年腊月东屿社立）。

对联　护国庇民芳名万古传，镇风恩浪法力四海扬。

亿万家户顶漫馨香，千百年戴神宁遍布。

圣慈皎湄风清月明，母德洋州浪静波平。

土地公庙

中国自古就有土地神崇拜，《左传》记载："凡有社里，必有土地神，土地神为守护社里之主，谓之上公。"所谓土地神就是社神，其起源是对大地的敬畏与感恩，流传至今。民众一般将土地公视为农业守护神、土地镇守神和财神。在闽南，不论城镇乡村，还是陌野山林，到处都有土地公庙的踪迹，故有"田头田尾土地公"之说。

东屿村共有三座土地公庙，分布在村里的几个角落。土地公庙格局比较简单，一般为一间水泥或砖砌的小庙，外加一座香炉。庙门口的对联上书："福而有德千家敬，正则为神万世尊"。每个月的农历初二、十六，村民都会准备供品、金银纸前来朝拜。

位于东屿村村口（靠滨湖北路一侧）的土地公庙，是 2009 年从厦门岛内的塘边搬迁过来的。此地原本很荒凉，后因建此庙，环

村内土地公庙

村口土地公庙

境得以整治，荒地上砌起了水泥平地，建起了几间庙宇。庙宇供奉的神像除了土地公外，还有观音菩萨、关帝爷等。庙里还保留着许多牌匾和对联，如"佛法无边""神机妙算"等，都被多年的香烛烟火熏得改变了颜色。院子里还有一块 1989 年的碑记，名为《厦门市南山天竺岩寺重建缘起》。

　　这样一座看似不起眼的小庙，每月农历初四的庙会，信徒们都齐聚一堂，不少我国台湾的香客也远道而来。据说，当初建庙时，我国台湾香客也捐了款，他们还从台湾寄来两只石雕香炉。庙里一尊土地公神像是从我国台湾请过来的，自从来到庙里之后，就定居下来了。2011 年年初，台湾香客还将该神像请回去省亲，直到 10 月才回庙。这里俨然成为闽台信众交流感情的平台。

　　农历正月二十是东屿村中元宫保生大帝到青礁慈济宫进香的日

子，而东屿村口则是进香的必经之路，每到这里保生大帝的銮驾都会停顿一下，接受庙宇的朝拜。

庙里的牌匾　天竺岩寺、佛法无边、福德正神、金玉满堂、普渡众生、神机妙算。

对联　岩头月影色照西方，山岭松风音流南海。

弥陀手接莲池客，众生心归极乐天。

福德生欢喜，正神降吉祥。

福而有德千家敬，正则为神万世尊。

王爷间

东屿村顶社和下社各有一间供奉代天巡狩王爷的庙宇，因为规模较小，村民便称"王爷间"。

顶社的王爷间已有 100 多年的历史，供奉的是由翔安区马巷街上的元威殿分灵而来的池王爷。据民间相传，池王爷姓池名然，南京人。明万历年间中进士后，奉旨调任福建漳州府台，途经今翔安地界小盈岭时，邂逅两个黑衣人。获悉这二人是奉玉皇旨意欲往漳郡撒播瘟疫，池然遂设计骗取瘟药吞服。行至马巷地面，毒性发作，池然脸色遽然变黑，立马歇于附近一巨榕之下，盘足升天。玉皇感念他爱民如子之精神，敕封"代天巡狩总制总巡王"，晋爵王爷，派往马巷为神。

每年农历六月初十，村民都会抬着池王爷的神像回到马巷元威殿祖宫进香。据说，这一习俗已经坚持了 20 多年。最早的时候，由于交通不便，村民到马巷进香都是坐船去，现在则改为乘车。自愿参加的村民准备好供品、金银纸等物品，将池王爷的神像抬上车，

顶社王爷间

一路浩浩荡荡开到马巷。到了元威殿，村民们把池王爷神像抬到主殿，进行朝拜和添油香仪式后才返回。

除了进香外，每年池王爷的诞辰——农历六月十八，庙里也要热闹好几天，村民会自发前来朝拜并答谢歌仔戏。

下社河角的王爷间则是供奉池、朱、李三位王爷。关于三位王爷的来历，海沧沿海一带传说明代嘉靖年间，奸相严嵩因与张天师不和，因此怂恿皇帝设计试一下张天师的法术。皇帝便在御花园挖了一个地洞，让 36 位进士在里面弹唱音乐，然后告诉张天师御花园闹鬼。张天师一算便知是人，但在严嵩的挑拨和皇帝的坚持下只好做法杀死了这 36 位进士。由于 36 位进士的冤魂不散，皇帝又让张天师做法，张天师就把 36 位进士的冤魂装入竹筒，封好后放入海中

下社王爷间

让其漂流。后来，这个竹筒被一个乞丐发现，除去封条，结果冤魂又回去皇宫纠缠皇帝，皇帝无奈只好封他们为代天巡狩的王爷，替皇帝巡狩全国各地，并赏善罚恶。

下社王爷间每年在三位王爷的诞辰日——农历六月十八、八月十八、十月十八都要举行庆祝活动。白天，村民们会准备许多供品和金银纸前来祭拜，晚上还有村民答谢的歌仔戏上演。

代天巡狩的王爷虽然带有宗教色彩，但其信仰多以匡扶正义、赏善罚恶等道德观为主旨，村民对其尊崇和祭祀的目的在于祈求国泰民安、风调雨顺。这种信仰在某种意义上也对村庄的安定和谐起到了重要的作用。

东屿礼拜堂

厦门是近代以来基督教在中国传播的重要基地之一，最早可以追溯到1575年。当时，两个马来西亚的传教士取道厦门返回福州，是最早登陆厦门的传教士。17世纪中期，传教士在厦门曾厝垵建立了最早的基督教堂。1848年，厦门第一座正式的基督教堂——新街礼拜堂建立。厦门人以开放的态度接纳了基督教这种全新的宗教文化。据柯增煌回忆，东屿村最早信奉基督教的有柯桧（人称"柯婶婆"）、许马太两户人家。起初，信徒只有20多人，没有专职的传道士，也没有礼拜堂，只是在信徒的家中聚会。后来，柯桧将自己的老房子拆掉建成了一间简易的礼拜堂。当时，村民们还流传"柯婶婆不

东屿礼拜堂旧址

要儿子要女婿，不要大厝要建礼拜堂"的说法。

1934 年，村民马蜜如与在菲律宾经商的丈夫出资，将简易的礼拜堂改建成了一座洋式教堂。该教堂位于村东路旁，为单层一间砖混水泥结构，平顶，面积约 120 平方米。门前有一长方形门廊，门廊外侧中间有两圆柱，上方水泥额板上有"东屿礼拜堂"几个大字。门廊顶上有六角攒尖顶的亭状小屋，小屋顶上竖十字架。教堂信徒主要是东屿村民，信徒最多时达数百人。每逢礼拜日那天，信徒们都聚集在礼拜堂内吟唱圣诗。

1949 年，"土地改革"期间，东屿礼拜堂停止了聚会。在"文化大革命"时，教堂曾作为供销社。1988 年，政府落实宗教政策后，由陈以平牧师和柯增荣长老出面将礼拜堂收回。收回后，信众将教堂翻修，主要是对室内和外墙进行粉刷加固，其整体结构仍保持原状，中断了一段时间的礼拜活动得以继续。当时，聚会人数只有一二十人，由义工陈再恩先生负责讲道。由于人数少，各方面都达不到厦门市两会规定的成立堂会的要求，因此，从 1988—2002 年，东屿活动点隶属于海沧礼拜堂，由海沧堂的牧师前来布道。

随着信徒不断增加，各方面条件逐渐成熟。2003 年 1 月 29 日，礼拜堂正式成立为厦门市基督教东屿堂。

因礼拜堂离海沧生活区较远，交通不便，再加上年代久远，几乎成危房，而且规模较小，

东屿礼拜堂新址

容不下海沧地区日益增多的信徒。于是，东屿堂于2003年向海沧区政府申请了一块地作为新建教堂用地。2005年8月4日，东屿礼拜堂在新址举行奠基典礼，来自市、区相关部门领导、基督教各堂点代表约100人参加奠基仪式。新教堂于2007年2月27日开始建设，2008年5月9日竣工，2008年6月8日投入使用。新教堂位于海沧区沧林路刘山村，占地面积2242平方米，建筑面积860平方米，建筑总面积2100平方米，总投资近400万元人民币，属哥特式建筑风格，能容纳1600多人聚会。目前，参加主日聚会的教徒有四五百人。东屿礼拜堂的相关情况见表2-1。

表2-1　东屿礼拜堂相关资料

教牧人员名单表				
姓　名	教会职务	性　别	在东屿堂的时间	备　注
林时新	传道	男	1934—1942年	后到缅甸当牧师
柯宝惜	师母	女	1934—1942年	—
吴万鸿	传道	男	1943—1945年	后回到安溪
苏锦章	传道	女	1946—1948年	—
贺兆奎	牧师	男	1934—1948年	关隘内堂牧师，每月一次主持圣餐
陈再恩	义工	男	1988—1993年	—
陈乃信	义工	男	1994年	—
陈珠妙	牧师	女	1995—1998年讲道	海沧堂牧师
王丽青	传道	女	1999年	—
卢建财	传道	男	2000年至今	—
谢立人	牧师	男	2007年	新街堂牧师，每月一次主持圣餐
杨宝莉	牧师	女	2008—2009年	—
蔡雪芳	牧师	女	2009年5月至今	—

受洗情况
2001 年 14 人、2002 年 12 人、2003 年 16 人、2004 年 17 人、 2005 年 15 人、2006 年 13 人、2007 年 7 人

对外交往	
2005 年 8 月 4 日	接待韩国教会夫妇 2 人
2005 年 8 月 8 日	接待韩国教会一行 35 人
2005 年 8 月 25 日	接待新加坡华侨一行 10 人
2007 年 10 月 15 日	接待澳大利亚联合圣公会一行 5 人
2008 年 6 月 8 日	接待南平市基督教协会会长孙仁富牧师夫妇 2 人
2008 年 6 月 25 日	接待惠安教会一行 9 人
2008 年 7 月 6 日	接待新加坡华侨一行 2 人

堂点组织历届名单			
	姓　名	教会职务	负责时间
第一届	马蜜如	长老	1934—1948 年
	许荣远	执事	1940—1948 年
	柯嘉惠	执事	1934—1948 年
第二届	柯增荣	长老	1986—1987 年在海沧堂当长老； 1988—2004 年在东屿堂当出纳
	陈佩钦	长老	1995—2007 年
	林招治	执事	1995 至今
第二届	许亚勤	执事	1995 至今
	许新恩	执事	1988—2004 年
	赵淑兰	执事	2004—2007 年
	张桂月	执事	2004 年至今
	许子勤	执事	2004 年
	颜思惠	会计	2004—2006 年
	林淑治	会计	2007—2008 年

在 2007 年 10 月增补八位执事		
姓　名	受洗时间	负责事务
张桂月	1984 年	出纳
林淑治	1986 年	会计
杜桂芳	2000 年	诗班
林碧英	2000 年	诗班
湛　春	1994 年	诗班
黄　军	2003 年	事务
傅丽双	2004 年	诗班
魏天琴	1998 年	探访

活动安排表

日　期	活动内容
周一至周六	晨祷
周一	领袖培训
周二	妇女团契、查经
周三	祷告见证会、探访、敬拜赞美 ·
周四	查经、探访、诗班练唱
周五	读经班、诗班练唱
周六	青年团契练唱、接待组培训

第三章　蜈蚣阁

第一节　蜈蚣阁进香

历史渊源

东屿蜈蚣阁是海沧区最具特色的民俗活动之一，于 2007 年入选第一批厦门市非物质文化遗产保护名录、第二批福建省非物质文化遗产保护名录；于 2011 年入选第三批国家级非物质文化遗产保护名录。

传说，古时海峡两岸渔民出海遇上风浪时，往往把几十艘渔船的首尾互相锁接起来抵抗大风大浪，由此衍生出蜈蚣阁进香这一民俗活动。也有另外一种说法：据说，当年保生大帝吴真人一生行医救济百姓，大多以蜈蚣为药引，后人为表达对他济世为民的高尚品德的敬仰，就自发形成了蜈蚣阁这种祭拜民俗。蜈蚣阁在清代流行于海峡两岸。乾隆三十七年（1772 年）朱景英游历我国台湾地区时，在所写的《海东札记》里记载："俗喜迎神赛会，如天后诞辰、中元普度，醵金境内，备极铺排，导从列仗，华侈异常。又出金佣人家垂髫女子，装扮故事，舁游市街，谓之抬阁，靡迷其矣。"

在东屿，蜈蚣阁虽以蜈蚣为名，却是龙头龙尾或凤头凤尾，象征吉祥，因此，也称为"龙阁"或"凤阁"。海沧其他农村也有类似的蜈蚣阁，但与东屿村的相比，规模没有那么庞大，形式也没有那么精致。

东屿村制作蜈蚣阁的历史已有 500 多年。明代时期，蜈蚣阁是村庄原住民曾氏家族从事的一项迎神赛会的技艺，后来逐渐被全村各姓氏村民继承。当时，东屿蜈蚣阁主要用于参加钟山村埔尾庵（水美宫）每三年一次的送王船庙会，一直延续到 1951 年，由于时代的变迁才中断。从 1985 年开始，东屿村中元宫定于每年农历正月二十将保生大帝的神像抬到青礁慈济祖宫进香。1987 年起，在进香的艺阵之中首次出现蜈蚣阁，此后抬蜈蚣阁到青礁慈济宫进香逐渐

东屿蜈蚣阁

成了东屿村特色的民俗之一。每到进香之日，蜈蚣阁便成为队伍中最吸引观众眼球的艺阵，常常引得路人驻足观赏、啧啧称赞。1987年，东屿蜈蚣阁被邀请在中山路参加艺阵表演，1989年、1990年被邀请在厦门白鹭洲参加元宵节文艺表演。1989年，时任全国人大常委会副委员长的彭冲特地赶到厦门观看。看完蜈蚣阁展示后，他说："蜈蚣阁很值得观赏，一定要继承下去。"

蜈蚣阁简介

蜈蚣阁由数十座以各种颜色的丝绸、布料串联起来的各种小彩阁组成（彩阁之间的距离为1节，每节长约3.3米，宽33~50厘米，一般有20~45节，总长150米左右）。每块阁棚之间以活榫相接，连成一串，可灵活转动卸接榫眼处横穿一根木棍，长度超过阁棚宽，

蜈蚣阁队伍

用作肩扛用。阁棚用鲜花、彩纸扎制成的彩绸花卉、飞禽走兽、才子佳人装饰得五彩缤纷、典雅美观，非常富有闽南特色。每节阁棚由 8 个轿夫抬着，上面装置两只高凳，每只高凳上坐 1 个孩童，装扮成民间故事中的人物。最常见的有《昭君出塞》《水浒》《陈三五娘》《西游记》中的人物等。坐阁的孩童年纪通常是 5~12 岁。孩童只需要装扮并坐在阁上，不用任何表演。依据习俗，这些孩童都可以得到平安、健康或智慧，因此家长们多半争先恐后地让孩子参加这项活动，而蜈蚣头尾更是众人争取的席位。阁棚下面抬阁的轿夫则穿着红色衣服，远远看去就像是蜈蚣的百足。整条蜈蚣阁仿佛就是一件艺术品。

进香活动开始后，蜈蚣阁队伍便配着富有闽南地方特色的音乐和一定的节奏和队形，缓缓前进。一节节阁棚前后相接，弯弯曲曲，委蛇而行，远看犹如一条蜈蚣在地上蜿蜒爬行。

蜈蚣阁装饰

因为中元宫每年都要装饰蜈蚣阁，所以彩阁木板、小孩的戏服都是宫庙自己添置的，平日放在旧中元宫内，待到使用时再取出来；其他的纸扎花草、尪仔、竹子等材料都是每年更新的。

为了确保蜈蚣阁的进香活动顺利进行，每年在进香活动之前，中元宫必须组成蜈蚣阁理事会。理事会一般由 50~80 人组成，主要负责坐阁小孩的报名、蜈蚣阁的制作和进香队伍的安全事宜。

东屿村以柯姓、李姓、张姓、谢姓、郑姓等姓氏组成。理事会成员由各个姓氏推荐，一般由 30~50 人组成，其中，常务理事 18 个。理事会成员都要在大道公面前卜杯而定。每年春节初五或初六，理事会召开全体会议，由会长主持，主要是对理事会成员的职责进行

在阁板上安装座椅

在阁板上扎骨架

分工。一般分为五个大组：宣传组、制作组、财务组、祭祀组和后勤组。理事会成员被分到各个组里，各个组再指定一个负责人，进一步明确组员的责任。会议结束后，理事会成员回到本族发动宣传蜈蚣阁进香活动。

宣传组负责小孩的报名，乐队的组织、登记和邀请；制作组负责蜈蚣阁的制作；财务组负责收费、登记、支出，并做好公示；祭祀组负责全程祭祀活动；后勤组负责现场接待等具体工作。

除了理事会具体负责蜈蚣阁的制作和进香队伍的安全外，整个蜈蚣阁进香活动的总指挥是主会。与理事会成员一样，主会也是由卜杯选出来的。东屿村每年固定在正月二十出阁到青礁进香。当年的活动结束后的第二天，也就是正月二十一下午，全村结过婚的男丁，可自愿到东屿中元宫卜筊。

扎好骨架和亭子阁板

　　庙宇中必备有占卜用的筊，也称"贝"，这是人神交流的重要媒介。村落当中很多事情需要通过筊向神灵请示，各家各户有什么事情也可以通过卜筊来向神明询问。筊是由两块木头合在一起构成，每块木头都是一平一凸，平的为阳，凸的为阴。在占卜之前，要先上香与神明"打个招呼"，然后将筊合在一起，双手捧筊说明事由，再将其掷在地上，看筊的两片落地之后的哪一面朝上。如果筊落地后是一平一凸一阴一阳，人们称为赏筊，表示神明同意。卜筊采取淘汰形式，卜出的筊不是赏筊的村民就被淘汰，无权进入下一轮。通过逐轮淘汰，最后得赏筊最多的当选为下一届的主会。

　　在小孩子报名结束后，蜈蚣阁的节数就可以确定下来。两人为一节，如报名80人就要制作40节。接下来就要进行阁棚的装饰了，一般在进香日的前10天（农历正月初十左右），开始邀请

装饰好的阁棚

蜈蚣阁的头为龙头

装饰人员采购笸仔、竹子、花草、纸张等材料，一节一节地进行搭架、糊纸。

搭架是力气活，一般由男性来完成。首先，在阁板上安装小孩子的座椅。最早的座椅很简单，只是一块窄窄的木板，小孩坐着不舒服也不安全。后来，经过东屿村民们的改进，用不锈钢焊成的小座椅取代了木板，安全系数大大提高，小孩子坐着也比较舒服。用螺丝把小座椅安装在阁板之后，再取 16 枚粗钉子，钉在阁板边上，一边钉 8 枚，前后距离约 40 厘米。接着，开始搭阁棚的骨架。先将没有破开的竹子插在之前钉好的 16 枚粗钉子上，作为整个阁棚的支撑。然后，再将若干条剖好的长竹条横着绑在 16 根支柱上，并在最高处的几根竹条上扎出一些圆圈、波浪线等造型。

骨架搭好之后，再将装饰好的彩亭子安装在阁棚上的两个小座椅的中间。据介绍，彩亭子的形状有圆形、方形、不规则形状等。

接下来，将进行阁棚装饰。装饰的材料有糨糊、尼龙线、彩纸、各色流苏、造型逼真的塑料花、纸制小人偶等。装饰过程中需要十分仔细、耐心并注意颜色搭配，因此这项工作一般由女性来完成。先将大片的彩纸用糨糊糊在阁棚周围，再进行局部的处理。用剪好的彩条、流苏等来装饰阁棚的侧面；五彩的塑料花和精致的纸制小人偶则安装在阁棚上部，用尼龙线牢牢地扎在16根阁棚的支柱竹子上。在阁棚上装饰这些小人偶和花草是有象征意义的：帝、王、将、相、才子、佳人造型的纸偶寄托着人们望子成龙、望女成凤的愿望；花草象征着祖国万古长青；花朵象征着孩子们是祖国的花朵。经过以上的各个环节，一节阁棚就制作完成了。

将一节节的阁棚按照上述的方法全部扎好、糊好、绑好、装饰好后，在蜈蚣阁的第一节进行门面装饰，如写上某某村的进香团或某某人答谢。

阁棚装饰完毕，开始设计制作蜈蚣头和蜈蚣尾。最早的时候设计的蜈蚣头扁扁的，不甚美观。近几年来，经过民间艺人的慢慢改装，用龙头取而代之。龙头一是象征中国人是龙的传人；二是象征着各民族团结得像一条龙一样；三是由于龙和蜈蚣同样是吉祥物，可以互相替代。采用龙头代替蜈蚣头之后，蜈蚣尾也设计成龙尾。前面的龙头用一条长5米左右的红布作为牵头，这样才能自由活动，龙尾也用一条长3米左右的红布拉后摆尾。以上这些繁多的工序，全由匠人们手工制作完成。

整条蜈蚣制作完成以后，在进香的前一天进行校棚，把一节一节的彩阁用活榫相接，让小孩试坐。每节阁棚要8人扛抬，一节紧扣着一节（一节8人，10节就80人，40节就要320人），使约150

米长的蜈蚣阁能灵活移动，远看就是一条人造蜈蚣在地上蜿蜒地爬行。据理事会人员介绍，蜈蚣阁的节数越多，转弯的难度越大，危险系数也越高。抬阁的人员要听从指挥、统一行动，不然很容易发生安全事故。

东宫进香

每年农历正月二十是东屿村中元宫保生大帝赴青礁慈济宫祖宫进香的日子，也是一年一度东屿蜈蚣阁在世人面前展示风采的时候。

早上九点之前，理事会人员就将蜈蚣阁按顺序一节一节地扣好，摆在大路上。报名坐阁的小孩子们穿上漂亮的戏服，打扮成古代的帝王将相、文武百官或大家闺秀的模样坐在蜈蚣阁上。理事们先给中元宫的吴真人神像和护驾的三元帅穿上盛装，再给吴真人的坐骑——王马（即王爷马，所用的马匹，必须是精选过的年轻力壮、神采奕奕、华丽大方的骏马）备上鞍。进香的准备工作宣告完成。

接下来要举行"过火"仪式。在保生大帝乘坐銮轿动身之前，东屿中元宫的门前烧一大堆的火炭，所有参加进香的队伍，如舞龙队、舞狮队、鼓乐队、花篮队等艺阵都要绕火炭一圈，

装扮好的坐阁小童

以抵御邪气入侵，保宫庙灵气聚集，保合境平安。随后，旗童数人各司其职，有的拿着盐米往火炭堆里撒，意在驱除污秽的东西，保持环境清洁；有的开血鱼，祈求合境平安、社会和谐；有的拿法绳镇邪，扫清歪风邪气；有的拿剑开道，嘴里边催咒。旗童绕火堆三圈后，手挥利剑，脚踢火炭，意味着扫清一切牛鬼蛇神。

等上述仪式进行完毕，出发进香的吉时也到了。由蜈蚣阁打头阵，舞龙、舞狮、乐队、旗阵等艺阵紧随其后，善男信女举着香跟随在队伍两旁。在最后面压阵的是两顶由村里最为年轻力壮的小伙扛抬的前锋将军和保生大帝的辇轿。辇轿与蜈蚣阁队伍每隔百米距离后都要向前冲刺一段，气势非凡，引来许多路人驻足观看。进香队伍绕着村庄一路徒步缓缓前行，路线如下：村西路—村北路—村

蜈蚣阁在中元宫前过火

保生大帝辇轿冲刺

口—滨湖北路—海富路—沧虹路—马青路，最后进入东宫进香过火
（20 世纪 80 年代进香路线是从埭头进入钟山、渐美、龙潜、北市、
海沧街、柯井、毛穴广，最后进入东宫进香过火）。在这长达 10 千
米的路上，锣鼓喧天、鞭炮连连，绚丽的阁棚、天真的小孩、喜庆
的乐队、虔诚的抬轿人……组成了浩浩荡荡的蜈蚣阁游行队伍，上
万名信众参与游行或观阵。蜈蚣阁这一国家级非物质文化遗产项目
展示了它的迷人魅力。

　　由于信众们都相信蜈蚣阁绕境过处必可祛灾除秽，所以当蜈蚣
阁队伍通过路境时，聚集在旁等候多时的善男信女，老老少少都争
先恐后膜拜祈福。

　　队伍到了慈济东宫后，蜈蚣阁就停放在宫前的大广场上。阁上
的每个小孩都下来朝拜祖宫保生大帝。理事会与一路跟随的信众们
则抬着村里的保生大帝分灵举行一系列的进香仪式（主会手持中元

进香后蜈蚣阁摆放在东宫广场上

宫的香炉在东宫的保生大帝香炉上绕三圈，俗称"过炉"）。仪式完毕后，队伍再休整一个小时左右，沿原路返回东屿村。

活动结束后，坐阁的小孩可将蜈蚣阁上的纸扎装饰取回家玩耍。其他的彩阁木板和戏服则归还给中元宫，待到来年进香前作为重新装饰蜈蚣阁之用。

重要价值

蜈蚣阁进香跟保生大帝信俗有密不可分的联系。保生大帝信俗多以救死扶伤、匡扶正义等道德观为主旨，进香活动的目的也是为了祈求国泰民安、风调雨顺。这些对促进安定团结，建设和谐社会起着积极的作用。

此外，进香活动可以说是村庄的一项大盛事，蜈蚣阁也是村民们的骄傲。每年蜈蚣阁进香活动所需费用都是由村民自愿捐献，并非硬性摊派，所有的艺阵如腰鼓队、舞龙舞狮队也都是村民自愿出钱邀请的。筹备蜈蚣阁进香是村民进行友好沟通合作共事的好时机。平时有磕磕碰碰的邻里，在举办活动的过程中，矛盾都可得到缓解。一到进香的日子，全村男女老少集体上阵。这在一定程度上也对村庄的和睦团结起到了重要作用。

同时，蜈蚣阁也是闽台共有的特色民俗。据介绍，我国台湾地区的蜈蚣阁也是传自闽南，如今一般通称艺阁，大多结合妈祖巡境或保生大帝巡安等活动而设，也有蜈蚣阵、龙凤阁之称。现在，大部分发展成车载电动艺阁，原汁原味的人力蜈蚣阁已较少见。许多台湾同胞也信仰保生大帝。在我国台湾地区，蜈蚣阁也是与保生大帝的慈济文化密切相关的一项民俗活动。东屿蜈蚣阁进香活动的举行体现了海峡两岸同根同源，对于海沧文化建设、对我国台湾地区交流都有重要意义。

第二节　民间传说

民间传说一般没有文字记载，而仅仅通过老百姓口口相传，一代代流传下来。在东屿村，也流传着一些民间传说，既有人物传说、神仙传说，也有讨海故事。现在，随着老辈人的相继离世，年轻一代对这些传说已知之甚少，甚至一无所知。

排头夫人的轿上之梦

故事发生在 400 多年前。有一晚，石塘村排头社一个渔人在放网时，发现村庄红光四射，以为是哪家着火，赶快回来救火。他回村庄一看，并没有人家着火，而是村里一户黄姓人家生了一个女孩。

长大后，该女孩被许配给石塘村的探花。结婚那日，她坐在花轿上做了一个梦。她梦到几个宫女捧金面盆让其小便，结果在轿上尿了裤子。到夫家后，探花发现后非常生气，将其辞婚抬回。黄姓女子的父亲又急又气，在那天晚上也做了一个梦，梦到有人对他说"青龙抱柱即尔婿"。第二天正值阴雨，女子父亲出门办事，正巧遇到在排头庙里避雨的东屿人柯挺。父亲见到柯挺的青长衫因被雨淋湿故晾于庙中龙柱之上，女方父亲突悟梦中人话语，托人向其提亲。于是，黄姓女子便嫁给了当时还是教书先生的柯挺。

结婚后，夫妻感情甚笃。黄姓女子每天日落后便在村口等待丈夫柯挺归来。一天晚上，丈夫回来后见她大哭。柯挺不解，问其故，她就问丈夫今日做了何事。柯挺不知所以，但在夫人一再追问下，才说起今日代人书写离婚书一事。柯挺便问夫人为什么会知道有事，夫人说："夫君每晚回来，在远处看肩上有两盏灯亮着，到近处时才不见，今晚却只剩一盏，知定有蹊跷。"柯挺掉头就去找那个托其写离婚书之人，推说上面有错误需要更改，待那人拿出离婚书后，柯挺立即把该书撕碎，并将纸屑含于口中嚼烂吞下。做完这件事后，柯挺的肩上又再现两盏灯。

后来，柯挺得到岳父资助，上京赴考中进士，官至吏台。

柯挺当吏台后，有一天，千岁娘娘遇见了吏台夫人，见其貌美丽，更喜欢她的梳头式样，欲让夫人替自己梳头，便召夫人入宫。在梳头时，娘娘于镜中发现夫人脸色铁青，且全身打颤，娘娘奇怪，便问其故，夫人急跪言其情，乃尿急，娘娘便命宫女捧出金面盆给夫人用。轿上之梦也由此应验了。

讨海捡浮尸的故事

东屿人管浮尸叫"大蛏"。以前，东屿的顶社有一个单身村民在讨海摸蟹时，碰到一具浮尸。他胆子很小，就赶紧躲到另外一边，结果那具浮尸又漂到他旁边。他没办法躲开，只好壮着胆子，跟浮尸说："好兄弟，你如果要让我给你收尸，就让我先用草给你绑一下，用石头把草绳子另一头压着。等一下我去划船来载你。"后来，他把浮尸载到火烧屿的一个地方准备埋下。要埋下前，他想到应该从尸身上找一些信物，万一死者家人要找人时，才能核实。于是，他就在尸体上找到一张相片，并把相片收起来了。回家后，他就向其他村民说了这件事，当场就有村民认出了相片上这个人是厦门人，现在他的家属正在登报寻人。看了报纸后，他顺利地找到死者的家属，把事情的经过说了。家属很伤心，也很感激，拿了十块钱酬谢他。原来，这个人上船时，不小心滑下去掉到海里淹死了。后来，家属让他带路去看掩埋死者的地方，死者父亲本来还打算要将死者重新找个风水宝地掩埋。没想到风水先生说这个地方就很好，是个蝙蝠穴，不用重埋了。后来，死者的两个儿子去新加坡继承家业，发展得很好。他们回来把东屿顶社这个人也接到新加坡去，开了一间店给他，结果他也在那里娶妻生子了。

这件事情发生后，东屿人在讨海时见到浮尸很喜欢捡，看到活人更会主动施救。如果救了活人，要赶快向他讨红包或讨吃糖。

东屿莲花的传说

东屿村三面环海，每逢刮台风的日子，外面惊风骇浪，三面皆是海水，但东屿村里却风平浪静，从远处看烟雨茫茫，东屿犹如一朵莲花浮在水面上，随波荡漾。1959 年 8 月 23 日，就是老人们至今谈起仍心有余悸的"823"台风。当时，厦门沿海一带，台风过处可谓满目疮痍，树倒屋飞，人畜尸体到处可见。有艘大船都被刮到东屿村附近的山上，但东屿村里却人畜不惊，全村无一人伤亡，无房屋倾倒。这种现象让人大呼神奇。

佛祖的传说

埭头现瑞堂有三尊神像，一是观音佛祖，二是李老君，三是保生大帝。传说，观音佛祖原是一个 16 岁姑娘，其父欲将其配亲，她不同意，父亲逼迫，该女出逃，父亲便派人追赶。姑娘逃到海沙波，前大海后追兵，无可奈何，她手捏一把沙，对天誓曰："此沙撒下海若沉，我将投海，若浮我就得以生存。"随后，她将沙抛入海，海水上浮出一朵莲花，姑娘跳到莲花上，漂至南海成佛，故言观音生莲座。埭头庵佛祖为青草石雕成莲花座，上刻"万历四年"，遗留至今 500 多年。佛祖两边有善财玉女两童伺奉。据说，善财是红孩儿，玉女原为蛇精，都是被佛祖归降的神灵。

柯挺出生的传说

柯挺之母是东屿下社李氏之女，临产前正值下社拜神做醮，母亲便回娘家拜神观醮。当夜，母亲腹痛难忍，便不得不在娘家将孩子生出。正当分娩之际，李氏家庙里面亮着的 12 盏斗灯全部熄灭。这是一个不祥之兆，预示着这个孩子将独得全村的财富。村里老老少少急忙出门寻查何家产子，要除掉这个长大后会独得全村财富的婴儿。正在这危急的关头，柯挺的舅父急中生智，把襁褓中的婴儿抱起，连夜沿海滩跑至埭仔岸，逃过了这场灾祸。柯挺父亲死后，母亲含辛茹苦将其培养成才。

柯　挺

海沧蔡尖尾山南麓的上山古道旁有一座巨石，石上刻有四幅摩崖石刻。其中一幅记录了柯挺于明代隆庆二年（1568年）应贡在此读书，万历元年（1573年）中顺天乡试第一，万历四年（1576年）赴会试未及第之事。碑文曰："长江柯挺充漳州府以大明隆庆二年，擢东宫恩应贡读书，今此越万历元年中顺天乡试后未第远留读书于此……万历十七年端午书"。

云门石刻

柯挺字以拔，号立台，海澄县三都（今属海沧区东屿村）人，生于 1537 年，卒于 1610 年。其父柯乔清经商于饶州，早逝，母李氏"自持门户，课挺力学"。

柯挺隆庆二年（1568 年）恩贡，万历元年（1573 年）举顺天府第一，万历八年（1580 年）成进士，授南乐县令，"减徭役、锄豪强、剔衙蠹、庭无留狱，盗不窥境。入觐署事者，遂以盗告，逮治七人，皆诬服。挺再至，察其冤，密踪迹盗，于清丰县境得之七八人，皆得白"。后升陕西道御史，上疏辨贤奸，请除奸魁。从祭献陵时，经营费用近二百万帑金。有请他移者，曰："是吉壤也"所不如法。皇上诏对，条答如响。万历十二年（1584 年）卜选定陵时，原用徐学谟之议，定于北京大峪山。有形家称其非吉地，御史江东之等人引通政参议梁子琦等"穴下有岩"之言，反对徐学谟之议。柯

云塔书院遗址

师弟解元石刻

挺上疏言："夫大峪之山，万马奔腾，四势完美，殆天秘真龙以待陛下"，又坚称"若大峪穴下有岩，臣敢以身当之"，力保大峪山之吉，被称为"石敢当御史"。万历十五年（1587年），陕西大灾，疏请发临德二仓谷二十万石赈济。巡按楚地，时值郧阳兵乱，"驰入境，诛三卒以殉变"，平定兵变。其时饥荒，施粥赈民，"议处宗藩禄米"，并平定刘汝国起事。楚地百姓感激其德。旋督南京学政，所鉴拔者多为馆谏起家或名臣之后等名士。后丁内艰。万历二十一年（1593年），因卜选定陵事得罪御史，以考功法谪补外。遂"坚卧不出，乐建安山水，徜徉其间，因家焉"（《海澄县志》），万历三十八年（1610年），"卒于建宁之里第"，"葬于某山之新阡"（顾起元《嬾真草堂集·文林郎陕西道监察御史立台柯公墓志铭》），享年七十四岁。

柯挺有四子，长子名柯伯延，明监生；次子名柯仲炯；三子名柯叔豫；四子名柯贞彦。曾孙有七，伯延所出有柯干臣、柯干翰、柯干筌，仲炯所出有柯干辅、柯干佐、柯干枢、柯干机。其中有一人裔孙柯廷爀（柯挺曾孙），在康熙十年以贡生任将乐县训导。

现海沧农场红坑岩尚有柯挺读书之址——云塔书院，书院已剩断壁残垣，唯有一块大石刻着"师弟解元，柯挺万历癸酉顺天解元，登庚辰进士授业于此，周起元万历庚子福建解元登辛丑进士授业于此，明三十五年。"

李五福

李五福，字皆云，海澄县（今海沧东屿）人，生卒年月不详。据《龙海县志》记载，李五福于康熙五十一年（1712年）中进士，雍正元年（1723年）迁授刑部主事。服官矜慎，每决疑狱，踌躇再三，同僚或笑其懦，他说："西曹人命重寄，某不唯无才，亦不忍以才逞也。"性廉介，除自己薪俸外，分给公费一概拒受，不乐结交权贵。历任四年致仕。著有《家训广议》10卷。

据说，李五福在进京赶考前，曾在漳州设私塾，名曰"秀才楼"，对当地影响很大。他死后葬于龙海县步文乡堆云岭的万松关。万松关距漳州市区15千米，明崇祯二年（1629年）郡守施邦耀建，城墙高20米，厚7米，长100米，用长方形花岗石砌成，楼堞巍峨，屹然天险，历来为漳东屯御要地。明末郑成功、太平天国侍王李世贤均曾在此击溃清军。堆云岭为漳郡通往京、省孔道，明万历初郡绅陈克聪植松夹道，以庇行人，后遂以万松名关。今尚存明大学士林钎撰《施公新修万松关碑记》。

柯熏　明景泰贡生，任府学训导。柯氏家庙享德堂内有其题字。

柯爌　名廷（柯挺曾孙），康熙辛亥1672年贡生，任将乐（漳浦）训导。

柯鹏　清初武举人，又名柯其捧。清廷武举御封（诰命），御赐"大夫第"匾和"诰命"圣旨牌。同治三年（1864年）官游东粤，临别厦门赴广东就职时，为念吴老艒长期为其厦鼓摆渡方便，投建厦门水仙宫，后人将该处码头称为水仙宫码头。

顶社王爷间乞红龟

红龟粿

自古以来，龟即被视为祥瑞、长寿、灵异的象征。按《礼记·礼运》之载："麟凤龟龙谓之四灵"。其中麟、凤、龙均属图腾，唯有龟实际存在。龟乃长寿的象征，《抱朴子》言："有生有死，而龟长存焉。"龟龄长寿也成为民间崇拜的对象。

闽南一带民众也将龟视为灵异之物和平安长寿的象征。在逢年过节时，有用粮食做"龟"祈福的风俗。这种"龟"可以是直接由大米堆成的米龟，也可以是由糯米做成的米糕龟、红米龟。红米龟又称"红龟粿"，客家人称为"红粄""龟粄"，是闽南地区传统的祭拜用品之一，在祭祖拜佛的供桌上经常可以看见它们的身影。

早年间，商品经济还不发达，村民祭拜用的红米龟都是自家制作的。在节日前一天，家里就要忙开了。先将糯米洗净泡水，再用石磨把浸泡过一段时间的糯米磨成米浆，装入白色布袋压出水分，待米浆半干时倒出，掺入红色食用色素揉匀；再放入龟形模具做出形状，以香蕉叶或竹叶为垫，放入大蒸笼蒸熟，红米龟就制作完毕了。

由于制作红米龟的过程十分烦琐，蒸制火候稍有不慎，出笼的米龟就会变形，再加上生活的富裕和商品流通的加快，市面上有现成的红米龟出售，所以现在村民都不再自制红米龟了，而是直接购买成品。逢年过节时，来自龙海角美一带的手艺人就会推着装满红米龟的车子来村里叫卖。

东屿村顶社的王爷间每到农历八月十八王爷生日的时候，要举行乞红龟的仪式。农历八月十八一早，当年家里有男婴出生的家庭要做几百个红米龟，拿到王爷间里来还愿，答谢神明赐予男丁，并将红龟留在庙里供其他村民求乞。他们先把红米龟和供品摆上供桌，举行上香、下跪、烧纸钱等仪式以后，就把红米龟留在王爷间里。其他前来祭拜求子的村民就可以在祭拜完王爷之后，领一个红米龟回家食用。这叫"乞红龟"，象征着将生男孩家庭的好运气带回家，让自己家也能添丁、发财。

乞红龟这个古老的习俗在闽南一带已经流传上百年，甚至还随着闽人入台传至中国台湾。闽台地区的寺庙在元宵节时也常举办乞龟的活动，澎湖马公的天后宫及水山里上帝庙每年元宵节都要举办乞巨龟活动。重量最高者曾达 7000 多千克，需要用吊车才能搬得动。会后，这只巨龟不仅家家户户都分得一份，更有一大部分捐给低收入人家。因此，每年澎湖元宵节乞龟活动是当地年中最盛大热闹的民俗赛会。2011 年 2 月 17 日，海沧青礁慈济宫就举行了海峡两岸元宵乞龟活动，用 7.1 万千克的大米在广场上堆出一只巨型米龟供民众求乞。

更有闽南童谣唱道："摸龟头盖大楼，摸龟嘴大富贵，摸龟身大翻身，摸龟脚吃不干，摸龟尾吃到有头有尾。"大家相信从头到尾摸遍米龟各个部位，可以带来各种好运。由于龟是长寿吉祥的象征，再加上是神明的赐予，所以这个习俗深受民众的喜爱，成为一项热闹有趣的民俗活动。

乐善堂平安清醮

平安清醮，又名清醮、清醮会、打醮、打清醮、清吉醮、祈安清醮，属醮的一种，既是道教的传统仪式之一，也是一项民间习俗，在四川、福建、台湾、广东等地特别盛行。平安清醮是村民酬谢神恩、祈求国泰民安、风调雨顺的盛大仪式，以渔业和农业为生的村庄最为重视。醮的种类极多，祭祀仪式也十分复杂，是最能完整展现民间信仰风貌的一项宗教活动，往往吸引了数以万计的人来参加。清醮期间，村民还请戏班唱戏，舞龙舞狮，几天几夜热闹非凡。

东屿村的平安清醮活动是顶社乐善堂（佛祖庵）举办的，每三年一次，具体活动时间由乐善堂理事会在中秋节时卜杯决定，一般在农历十月左右举行。据介绍，该活动是为了纪念抗倭牺牲的将士和在海上遭遇风浪丧生的先辈们。这个民俗与东屿村的地理位置密切相关，东屿村位于沿海一带，自明代以来经常遭受倭寇侵扰，水师驻防军队在此多次与倭寇激战，许多将士捐躯。清初，郑成功的军队也在附近海面抗击清军，牺牲了不少士兵。此外，东屿村村民自古以来以渔为业，难免有遭遇风浪葬身海底者。村民们为了纪念为国捐躯的将士和为村庄做出贡献的先辈们，自发地举办祭祀仪式，逐渐形成了现在三年一次的平安清醮活动。

清醮活动的参加者为东屿顶社的村民，各个姓氏的村民都可参加。

成立组织机构

愿意主持平安清醮活动的村民事先到乐善堂报名，之后他们在统一的时间来到乐善堂，通过卜杯的方式从报名的村民中选出 3 名主会、6 名副会、6 名都会，来主持整个活动。卜杯是用一对竹制的杯筊来占卜神明的意思，先举起杯筊默念祈祷，再把杯筊往地上一掷。一般有三种情形，一种是圣杯（杯筊一正一反），表示神明同意，

乐善堂平安清醮

赞成祈祷者的心愿；一种是阴杯（杯筊正面朝上）表示神明不同意；一种是笑杯（杯筊反面朝上）表示微笑，不置可否。

副会和都会俗称"点斗灯"，因为在清醮活动举行的日子，他们都会在享德堂内点燃一盏斗灯。斗灯就是在木制的米斗内放上一盏油灯，油灯是由最原始的灯芯加上一碗灯油做成的。

举行清醮活动

清醮活动一般历时三天。

第一天，首先，村民们在自家门口竖立一支篙灯，让其通宵亮着，称为"点篙灯"。早先的篙灯是把点燃的油灯挂在竹竿上，现在由电灯代替了油灯，更加方便和安全。点篙灯的目的是给前来参加清醮活动的魂灵们指明方向。接下来，由请来的道士们在乐善堂和享德堂内轮流做法事。据说,做法的时候,忌讳最近曾参加过丧事和进过"月内房"(产妇坐月子的房间)的人围观。

第二天,村民们自发到主会、副会家中拜访,给他们包红包,祝贺他们当上主会和副会。

第三天晚上,正式举行清醮,村民们将供品摆放到活动地点,并请道士做法祭拜。据说,这个时候是不允许女性进入祭拜场地的。值得一提的是,供桌上的供品琳琅满目,有整猪、整羊、螃蟹、龙虾,甚至连相貌凶残的鳄鱼也被端上了供桌;蔬菜瓜果也都雕成了龙凤呈祥等形状;面塑则有栩栩如生的桃、李、花卉等造型。这一切显示了村民们对平安清醮的重视和虔诚。

配套的歌仔戏演出

清醮活动举行的前后几日晚上,村民们还会答谢几场歌仔戏。演出地点就在乐善堂前的戏台。等清醮活动完毕,主会和副会都要在家里大摆宴席,宴请这几天前来帮忙的乡亲们。

东屿妈祖宫赴湄洲祖庙进香

东屿妈祖宫位于海沧大道边,庙里香火鼎盛,终年不断。每到逢年过节及农历每月的初一和十五时,村民都会自发准备供品到宫庙朝拜。据说,供奉妈祖的供品一般为鲜花、水果、糕点;在重大节日和庆典时,也可用三牲(猪、牛、羊)或五牲(猪、牛、羊、犬、鸡)祭拜。

除了例行的朝拜和逢年过节的祭拜之外,东屿村妈祖宫一年当中最为隆重的活动当属妈祖神像到湄洲妈祖庙进香了。进香又称"割香"，意思是已分炉各地的神明宫庙定期或不定期组织信众到祖庙举行谒祖进香活动，目的是到祖庙求得神火回乡供奉，以示不忘神缘关系。从 1990 年开始至今，东屿妈祖宫一年一度前往湄洲妈祖庙进香，是东屿村的传统民俗活动之一。

由于妈祖诞辰是农历三月二十三，为了让妈祖在诞辰那天能回到本村接受村民庆贺，所以妈祖进香日一般都定在妈祖诞辰日之前。东屿妈祖进香定在每年农历的三月十二。据理事会人员介绍，1990 年首次进香时参加的村民才 10 多个，那时交通不便，光路上时间就花了 8 个小时。而近几年来，报名参加进香的村民越来越多。例如，2011 年进香人数达 400 多人；2012 年有 560 人，是历年来参加进香人数最多的一年。

进香的全过程由妈祖宫理事会负责组织。第一步是报名，想参加进香的村民应提前向理事会报名，以便安排车辆。第二步是租用接送车辆。由于进香人数众多，进香目的地是莆田湄洲岛，来回路程遥远、时间长，所以理事会都是租用大型旅游车负责接送进香队伍。例如，2012 年进香，就租用了 11 辆旅游车。第三步就是进香当日的活动了。队伍出发时间一般是凌晨四点，村民们在妈祖宫里集合，先是简单朝拜一下妈祖，然后再带上供品、抬上妈祖神像就向莆田出发了。大约经过 3 个小时的车程到了湄洲妈祖庙后，在祖庙理事们的热烈欢迎下，村民们把妈祖神像抬下大巴车，举行隆重的祭拜和割火分灵仪式（取一些祖庙的香灰放入带来的香炉内）。之后，村民们稍事休息乘车返回。

回到村里的时间一般是下午三点左右，这时请来的几十队艺阵早已在路口迎接神像归来。妈祖到祖庙进香是表示敬意，但也蘸取或分割祖庙的香火回来，希望自己的神明香火同样旺盛，因此进香回来都要举行绕境仪式。在艺阵的簇拥下，村民把妈祖神像抬到村里绕境巡游一圈，意味着护佑全村风调雨顺、合境平安。直到下午四点半左右，妈祖圣驾才打道回宫。整个进香过程长达 14 个小时，路程将近 180 千米。虽然路程遥远，时间又长，但是虔诚的村民和艺阵表演者不畏辛苦，一路随从。

到了晚上，妈祖庙前的戏台就开始上演歌仔戏了。在戏正式开演前，请来的歌仔戏班要"跳加冠"。这是旧时戏曲开场时加演的舞蹈节目，目的是向观众祝福，没有台词，只有身段表演。演员头戴相纱，脸蒙面具，身穿官袍（蟒袍），手执缎制条幅，上书"天官赐福""指日高升""加冠晋禄"等字样，边跳边展示条幅上的吉祥语，以表示对观众的祝愿与欢迎。

据说，"跳加冠"在武则天一次寿诞宴会上，丞相狄仁杰有要急本章欲上奏，却又恐扫武氏雅兴，故将奏文写至笏板之上，脸罩面具，借祈求吉祥，祝福长寿之名而舞蹈，后将笏板呈递给武则天。武氏接过笏板，发现了笏板上的奏文，不但没有发怒指责狄仁杰这一举止，且准其奏本。后来，民间艺人将狄仁杰这种舞蹈的形式演变成现在舞台上跳的"加冠"舞，以祝福吉祥、平安，以及对美好生活的憧憬。现在"跳加冠"演变成求神如愿的人家请戏班举行的酬神仪式，名称也叫"三出套"。一般有多少人答谢，就要演多少次。晚上七点左右，开始演歌仔戏，连演两晚，费用多为村民个人支付。

连演两晚的歌仔戏结束之后，一年一度的妈祖进香活动也就宣告结束了。

第四章　造船、养殖、物产、经营

第一节　造　船

东屿是个渔村，三面环海，自古以来村民们大多以渔为业。船只是村民日常出海捕捞和运输物品的必备工具。近年来，随着社会经济的发展和产业的多样化，东屿村从事渔业的村民越来越少，但是村庄的海边还是随处可见大大小小、各式各样的渔船和运输船。这些船只部分是由本地的造船厂建造的。东屿村的造船业始于何时已无从考证，但据村民介绍，东屿村以前曾经有几家造船厂，由于种种原因陆续关张倒闭，现在只剩下位于村西侧水渠边的一家造船厂了。

68 岁的造船师傅柯天助，已经造了半辈子的船。他从 16 岁开始师从亲戚学习造船技术，20 世纪六七十年代他就是村里面的造船好手。当时村里 12 个生产队的渔船大多出自他手。由于技术好、经验丰富，柯师傅在 1978 年被东屿大队派到厦门造船厂学习了 8 年的造船技术，回乡之后就在自家门口开办了这家造船厂。据柯师傅介

正在建造的渔船

　　绍，在围海造田之前，造船厂的周边就是大海，场地宽阔，造的船只尺寸也比现在的大得多。此外，每次新船造好以后都可以直接下水，十分方便。屈指一算，这个造船厂已经有 20 多年的历史，建造出的大小船只也数不胜数。

　　丰富的造船经验让柯天助成了远近闻名的造船师傅。动工前，他只需要知道船只的尺寸和用途，凭着多年的经验，完全不用图纸就可以造出一艘美观耐用的木船来。由于出自他手的木船结构坚固、样式美观、使用寿命长，鳌冠、石码、漳浦一带的渔民都会慕名而来。他的造船厂一年至少可建造十几只木船。据介绍，钟山村水美宫送王船活动中的那艘小王船就是柯师傅十几年前制作的。小王船长约 1.8 米，结构坚固、样式古朴，一直被水美宫理事会沿用至今。

　　柯师傅的厂房里堆满了造船用的木料、铁钉、桐油、各式机器，厂房对面简易搭盖的木棚子里面还有一只刚刚动工建造的木船。以这艘木船为例，柯师傅还介绍了造船的流程。

　　第一步是木料选择。造船的木料所选择的是天然老龄杉木和相思树木。杉木纹理顺直、耐腐防虫，可广泛用于建筑、桥梁、电线杆、船舶、家具和工艺制品等。据统计，中国建材约有1/4是杉木。杉树生长周期短，一般10年就可成材，是中国南方最重要的特产用材树种之一。相思树的木材质地非常坚硬、耐摩擦、易加工，可作为建筑、舟车、家具、器具等用材，在闽南一带也有广泛种植。

　　造船师傅选择造船材料时，会根据木材的不同特点和性能，将不同的材料用在船舶的不同部位。如杉木可做船板，相思木做骨架。

造船的木料

这两种木材材质好、韧性强，造出的船浮力大、能载重、轻巧灵敏而又坚固耐用。

据柯师傅介绍，以前只要到附近的石塘村就可以购买到造船所需的全部木料，现在则要到龙海角美一带去购买。角美那边所卖的木材是原木，成交后，卖主会根据造船师傅的需要，将原木切割成厚度不一的木板。

第二步是配料断料。配料断料的尺寸依船体结构而定，以丈八小船为例：中舱六尺，舱口宽为四尺，船底宽应为二尺五寸，船帮高应为一尺三寸；大船、小船板厚都有一定的比例；丈二到丈八的小船一般用木料，然后按具体尺寸断开以备用。

第三步是破板、刨板。以前没有电锯，全靠手工拉锯，十分辛苦。现在使用电锯破板较为省力。依据所造船只的大小确定板的厚

造船的机器

度，一般大船板厚 3.5 厘米左右，小船板厚 2.5 厘米左右。破板后，须用粗、细刨将锯面刨光，一般先用电刨打底，再用木刨加工，按实际需要的长度、宽度、厚度、角度做成合用的板材。柯师傅的厂房里面有 10 多台用于破板和刨板的大型机器，都是他在几十年的造船生涯里陆陆续续添置的。每一台机器的用途都不一样，有的是切割直板，有的是切割弯板。

　　第四步是船只建造。首先要安龙骨，安龙骨又称安栈（造船术语），木船的所有部件都是以龙骨为基础，向船体前后延伸、往龙骨两侧展开，所以安龙骨是特别重要的一个环节。据说，以前在安龙骨时，造船者还要在龙骨上系上红布，准备寿金、糖、肉、面等供品祭拜土地公或"好兄弟"（门口公），向其借用土地修造船只，祈求船只顺利完工，日后下海打鱼平安。在泉州晋江一带，新船动工

安装船肋骨

前也有类似习俗，必须先择定良辰吉日，祭神、烧金纸并设宴请客，称为"起工"。龙骨的木料加工完成后，要端正牢固地安置在地面上，称为"树龙骨"。"树龙骨"时禁忌也颇多，如不准人跨越，不准人说不吉利的话等。当日，船主还要置办"三牲"祭拜，并赏给造船师傅红包。

龙骨安装完成后，接着安装船肋骨，也就是在龙骨上安装几条横向的木制构架。其次是拼板，也就是把加工好的船板拼接在搭好的船只骨架上。这时需要注意事先放好钉眼，将挡浪板缝与船帮板缝错开，行话叫"长缝不对短缝"（这与砌墙时让砖头"咬缝"是同一力学原理），然后将打好钉眼的木板用掺钉（一种大头尖尾的铁钉）拼接成船帮、船底和隔舱板。

第五步是填缝。将桐油、海蛎壳粉混合放入一个电动容器，磨

磨制填缝材料

成泥状。再将和好的泥填入船板之间的缝隙，这样船缝间就不会漏水了。这是闽南民间传统造船的一项特殊工艺，闽南沿海一带的传统造船厂都使用这种填缝材料。

第六步是油船，就是给船只涂上油漆，使木船下水后船板和水尽量隔离，减少海水对船只的侵蚀，延长木船的使用寿命。油船分上底油、罩面油、打晒油三种。不仅新船下水前要上油，要增长木船的使用寿命，旧船也需要三四年上岸修理上油一次，最好每年一次。保养得好的木船能用上二三十年。

第七步也是最后一步——新船下水。新船油好经过一段时间晾干，等桐油完全干透后就可以下水了。新船下水的仪式十分隆重，不亚于农村建房的"上梁"。船颈头要披红挂绿插金花，挡浪板上要刻福字、雕龙眼，还要准备香纸蜡烛拜船头公和妈祖婆。据说，安龙眼时，需要挑一个吉时。龙眼周围要套上三条红色小布条，钉上3根特制的铁钉，意为"龙目光彩"。

由于目前本村从事捕捞的村民越来越少，对渔船的需求量也相应减少了。现在，柯师傅的订单多数来自外地，如漳浦、龙海一带，而且生意一直很好，一年总有十几艘新船从他手中诞生。为了新船运输方便，柯师傅还自己改造了一辆专门用于运载新船的拖车。

传统木船的建造与现代船舶不同，没有精确的力学计算及详细的图纸，仅靠造船师傅自身的经验及代代相传的营造法式现场放样。而老一辈的造船师傅又大都不识字，经验和法式只印在他们的头脑中，因此民间鲜有造船图谱流传。再加上传统的造船业通常采用师傅带徒弟的模式，学徒一般在十几岁入行，需要多年的艰苦历练才能成为出色的造船师傅。为了让自己的技术和经验不至于失传，柯师傅也收过好几个徒弟，但是由于造船十分辛苦、枯燥单调，多数

郑区成制作的王船模型上安装了龙眼

年轻人都是学到中途就放弃了。随着时间的推移,传统的造船技术将渐渐处于濒临灭绝的境地,如不对其加以抢救与保护,这一技艺终将消亡。

第二节　养　殖

海蛎养殖

海蛎,也叫牡蛎,是一种海洋贝类生物,不仅肉嫩味鲜,而且营养丰富,有"海中牛奶"之美誉。《本草纲目》记载,海蛎肉"多食之,能细洁皮肤,补肾壮阳,并能治虚,解丹毒"。根据宋代梅尧臣的记载，宋时人们不仅知道食用牡蛎肉，而且沿海渔民已经从事"插竹养蚝"，在海滩上养殖牡蛎了，人工养殖的历史可谓久矣。

过去，东屿三面临海，村民仅靠一座石桥和两条小土堤出入，靠海吃海的东屿人以讨小海为生，日子过得颇为艰难。由于山海相隔，物资匮乏，内地常见的猪、羊、牛等肉类，一般的东屿人家都买不起，但是海蛎却不必花钱去买，家门口的海滩上随时可以挖取。于是，海蛎成了人们补充营养、一饱口福的美味。一直到现在，海蛎仍是东屿村人特别喜欢的海产。每逢村民婚嫁设宴或款待远方来客的时候，海蛎煎都是餐桌上必备的一道美味佳肴，可谓"无海蛎煎不成席"。

村民采收海蛎归来

海蛎养殖

海蛎又分野生与人工养殖两种。野生的海蛎，一般吸附生长在海岸边或浅海沟中的岩石上，海水涨潮时，浮游的幼生海蛎便吸附在石头上；养殖的海蛎，则一般用粗绳绑上海蛎壳，放于靠沿海沟底的沿岸下或是专用的海滩支架上靠潮汐种养。东屿村的滩涂上密密麻麻散布的灰色石桩就是用于海蛎的养殖。据村民介绍，海蛎养殖分石养、竹竿吊养、塑料泡沫吊养三种。在潮水比较急的地方，水中的微生物特别丰富，养殖出来的海蛎也特别肥。

石养 每年农历四月初一，村民趁着退潮的时间，将准备好的石柱（规格为长 70 厘米、宽 15 厘米、厚 5~7 厘米）置于滩涂上，6 根石柱靠在一起为一株，让海蛎苗自动附在石柱上生长。

石养海蛎

海蛎的收成时间为农历九月至次年清明节，村民用铲子把附在石柱上的海蛎铲下来带回家加工，然后将石柱平放在滩涂上，待下次再用。

竹竿吊养 把竹竿打入滩涂（入泥 60 厘米左右），距离约 80 厘米左右插一根，形成格状分布。准备 70~80 厘米的塑料绳子，将海蛎壳钻孔，用绳子穿起来，一条绳子穿 8~9 个海蛎壳。农历四月初，村民下海把塑料绳子以 20 条为一捆绑在竹竿上，让海水中的海蛎苗附在海蛎壳里。一个月以后再将 20 条绳子分开绑于竹竿上。

塑料泡沫吊养（也称"浮养"） 将塑料泡沫固定好，让它浮在海水里，将母线绑在泡沫上，两条母线距离约 80 厘米。准备 70~80 厘米的塑料绳子，将海蛎壳钻孔，用绳子穿起来，一条绳子穿 8~9 个海蛎壳。农历四月初，村民下海把塑料绳子以 20 条为一捆绑在母

竹竿吊养海蛎

在海水中生长的海蛎

线上，让海水中的海蛎附苗。一个月以后，再将 20 条绳子分开绑在母线上。

村民下海采收海蛎所穿的鞋子

海蛎采收

海蛎最鲜美的季节当属每年冬至到下一年的清明，因为海蛎在清明后因开始产卵而逐渐变瘦，所以清明前必须采收。这段时间正是闽南一年中最冷的时候，海水更是冰冷刺骨。村民们为了采收海蛎，不顾寒冷，带着泡沫板、斗车、镰刀等工具，顺着滩涂自然形成的水路，往海水深处走。海边的滩涂上，到处可见村民们穿梭忙碌的身影。石养跟竹竿吊养的海蛎要等海水退潮时才能收（一天退潮时间约 6 个小时），而泡沫吊养则无须等待退潮，随时都可以划船去收。收割时，村民用镰刀将串海蛎的绳子头尾割断，一串串放入网兜带回加工。泡沫吊养的母线不割断，可留到明年再用。

海蛎加工

海蛎从海里收获回来后是带壳的，村民们必须用手工将壳肉分离后，才能把海蛎肉挑出来卖。在海蛎收获的季节，东屿村到处都可以看到这样的景象：妇女坐在小凳子上，右手拿着挖海蛎的尖刀，左手五指搭着未开壳的海蛎上，刀尖朝壳尾缝隙一插一撬，顺势伸进微微张开的壳缝，手腕轻盈地一转一抠，蛎肉就被完整地剔除出来了。她们的手指缠着布，是为了避免被利刃和锋利的海蛎外壳割伤。即使如此，露在布外的指头依旧伤痕累累，而且由于长时间浸泡于海水里，手指头变得苍白和肿大。

挖出来的海蛎肉一般都被村民拿去菜市场卖，或者被专人收购，每斤的价格一般在 10 元以上。海蛎壳则被废弃。据说，生产队还在的时候，海蛎壳可以卖到外地，烧成灰后用作盖房子的材料，或者作为肥料，一筐可以卖到一元钱。现在由于石灰逐渐代替了海蛎灰，海蛎壳也无用武之地了。

挖海蛎

一到海蛎收获的季节，东屿村的海边到处有堆积成山的海蛎壳，散发着特有的咸腥气。

工具

加工海蛎常用的工具有泡沫板、网兜、斗车、敲尖刀、指套、镰刀、带钩的竹竿等。

海蛎制品

东屿村人爱吃海蛎，也善吃海蛎。他们烹饪海蛎的方法很多，有外脆里嫩的海蛎煎、味道鲜美的海蛎豆腐汤、口味独到的炭烤海蛎，以及将海蛎晒干做下菜佐料等各种做法，甚至连稀饭、粽子里也少不了海蛎的身影。

海蛎煎是宴席上必备的一道佳肴。好吃的海蛎煎一定要用新鲜刚破壳采集的海蛎来烹制，最好是野生海蛎，而且是精心挑选的肚小黑多且耳扇较多的海蛎（俗称珠蚝），加上适量的地瓜粉和蒜苗拌匀后，放在铁锅里文火煎炒。煎好的海蛎煎，色泽金黄，在地瓜粉的包裹下滑润细腻，闻起喷香，其味诱人，入口爽甜，细嚼慢咽中有妙不可言的滋味。

海蛎干则是由新鲜的海蛎自然风干后制成的干品，味道浓郁、营养丰富、携带方便，也可调配诸多菜肴。如海蛎粥、海蛎鲫鱼汤等。一般人均可食用，特别适合体质虚弱的老年人、记忆力低下者和头晕失眠者。妇女和儿童食用，具有补铁和补锌的功效。

现在，东屿村海鲜大排档菜单上的海蛎煎、炸海蛎饼、海蛎豆腐汤……海蛎美食令人垂涎，吸引了许多厦门及周边地区的人们驱车专程前来一饱口福。

海蛏养殖

海蛏，又名蛏子，是生长在浅海泥沙中的一种贝类。贝壳呈长形，壳薄而脆。壳面呈黄绿色或黄褐色，表皮常被磨损脱落成白色，壳内蛏肉呈乳白色。历史上记载，明朝万历年间，福建沿海居民就已风行海田种蛏、插竹养蛎、建蚶田、

养殖海蛏的滩涂

造蛤埕，养殖的蛏品种各有特色。东屿村有大片的滩涂和海面。改革开放后，东屿村民开始在滩涂上大量养殖海蛏。

东屿村的老渔民柯奋斗阿伯详细介绍了海蛏的养殖方法。首先要选好用于养蛏的滩涂。选择风浪较小、潮流畅通、稍有淡水注入的中潮带作为养蛏的滩涂。滩涂要求平坦，倾斜度小，大风季节涂面稳定，一般不会遭泥沙覆盖。涂质以泥质为佳，或稍有沙土混合，涂泥软硬适中，涂层结构严密，中间无孔洞和稀泥层，保水性能好。因为每年春、秋季节，涂面常有硅藻类附生繁殖，附生面积大，停留时间长，为蛏子提供丰富的食料。

蛏田形式为狭垄瓦背形。蛏田规格可根据涂面地形和潮流方向而定。该场蛏田全长 50 米，宽 3 米，间隔 1 米开挖一条排水沟，蛏田四周均开排水沟，沟宽 20~25 厘米，深 15~20 厘米，涂面稍呈瓦背形，以利排水。距蛏田上方 30~40 米处，须建一条矮小的堤坝，避免涨潮时潮流冲毁蛏田和夏季潮头水流进蛏田时烫死蛏子。该形式蛏田的优点：地势高、上层实、泄水快，有利于蛏子穴居生活，又便于操作管理和清除敌害。

蛏苗的繁殖期在冬至，这个季节的苗种体质最佳。蛏苗会在涨潮时漂浮在海面上，随处漂流，一般分布在滩涂上面，急流处较少。

东屿渔民一般在农历十二月前后将蛏苗播种下田。播种之前渔民将蛏苗清洗干净后洒到滩涂上。蛏苗一遇到合适的土壤，就会像植物一样落地生根，在滩涂上挖一个洞，钻进淤泥层生长。播种蛏苗时应做到播匀、播齐、播足。如发现漏苗，应及时补上，确保播种密度均匀。每亩蛏苗播种量，应根据蛏苗个体大小、体质强弱、涂质肥瘦及涂面上硅藻繁殖等情况而定。播种应在涨潮前半小时内进行，否则潮来时，蛏苗会因潜穴不及而被潮水冲走。

刚播下的蛏苗潜穴较浅，渔民应经常巡视涂面，防止人为践踏和鸟类啄食。要及时疏通沟道，排除蛏田积水，保持蛏田之间沟道相通，潮流通畅，涂面不积水。这样既可减少敌害侵入蛏田，又可避免高温期因蛏田积水而烫死蛏子现象的发生。危害蛏子的敌害很多，主要有油螺、花螺等，应及时清除。

蛏子全年最肥壮的季节是农历四月至五月，过了九月蛏子会因天气寒冷而陆续死亡。如果要将蛏子留到年底再采收，就需要在滩涂上蓄沙。东屿村一般在农历四月和五月开涂采蛏。这个季节的海蛏质量好，产量高。退潮时，渔民就可以下到滩涂上挖蛏了。海蛏在成长过程中，会钻到土层下面二三十厘米深处，只在表层土留下一个个小拇指粗的圆形气孔，所以每一个气孔下面都有至少一只海蛏。渔民们顺着气孔挖下去，一只海蛏就出土了。当年生的海蛏是新海蛏，外壳较薄，壳的颜色较黄。生长一年以上的海蛏就是老蛏，外壳厚且颜色偏暗。老蛏的特点在于肉质更加厚嫩，价格也贵得多。

海蛏的味道鲜美，可鲜食、蒸煮或与其他青菜混炒，都很鲜美。

滩涂上的海蛏

其蛋白质含量很高，营养丰富。蛏子也可加工制成蛏干等，蛏干是海味干品中的一个重要品种。海蛏壳可烧石灰。海蛏可谓全身都是宝。《本草》谓其"补虚，去胸中邪热烦闷"，在福建也有"到夏吃蛏解烦忧"的说法，海蛏是非常适合消暑解乏的夏令美食。

第三节　物　产

章　鱼

章鱼又名"八爪鱼"，肉质鲜嫩可口，营养价值非常高，不仅

章鱼

是美味的海鲜菜肴，而且也是民间食疗补养的佳品。据了解，章鱼含有丰富的蛋白质、矿物质等营养元素，而且还富含抗疲劳、抗衰老，能延长人类寿命等的重要保健因子——天然牛磺酸。中医言："章鱼性平、味甘咸，入肝、脾、肾经；具有补血益气、治痈疽肿毒的作用。一般人都可食用，尤其适宜体质虚弱、气血不足、营养不良和产妇乳汁不足者食用。"

章鱼很喜欢藏在贝壳里，雌性常把卵产在贝壳里，幼体也总是千方百计地往贝壳里钻，一旦钻进去后就不轻易离开。渔民们利用章鱼这个习性，

章鱼笼子

章鱼笼子上的孔

发明了捕捉章鱼的特殊网箱。这种网箱呈长方形，长 3~4 米，宽约 0.5 米，里面用渔网隔成几个小格。每格的侧面中央开一个小口，用于章鱼爬入，由于开口处的渔网向内倾斜，因此章鱼爬入网箱之后，就再也爬不出去了。渔民们把网箱放

置在章鱼喜欢出没的滩涂上，待章鱼钻进去安了家，再往上拉起来，这样便可以不费多大力气捕到章鱼了。也有渔民用风螺壳来诱捕章鱼，渔民们把一个个大型的红螺壳钻上孔，用绳子串在一起沉入海底，章鱼见到了红螺壳，都争先恐后地往里钻，结果就轻而易举地被捕了。

退潮时，东屿的滩涂上经常有这种网箱露出水面。这时，渔民们就下到滩涂上，将被困在网箱的章鱼抓出，可谓手到擒来。

海 苔

下到滩涂上的时候，一眼就能看到高处的滩涂上有一片绿油油像水草样的东西，柯阿伯介绍说："这就是海苔，以前生活困难的时候，渔民们会把海苔收回去，用开水煮熟后晒干，作为一种充饥的食物。现在渔民的生活富裕了，这些东西就没人采收，放在这边自生自灭了。"据说，水分较多的滩涂上长出的海苔的叶片较小，显得细，而水分较少的滩涂上长出的海苔叶片较为肥厚。

海苔现在的身价已是往日不可比拟的，由于其具有独特的风味和营养价值，富含牛磺酸、甾醇等多种生命活性物质及铁、锌、硒、钙等微量元素，既可以作为日常食物，还可提取活性物质作为药品。特别是由于其热量低、含有大量维生素，海苔成了人们喜爱的减肥食品。不管是老年人还是青年人，食用海苔都能够强身健体、防病治病。

海苔

红树林

红树林

在东屿村的滩涂上分布着约十亩的红树林。据了解，红树林是热带海岸潮间带的木本植物群落。由于受温暖洋流的影响，有的可以分布到亚热带。由于受潮汐的影响，有的可分布于河口海岸和水陆交叠的地方。由于生态环境遭破坏等因素影响，厦门天然的红树林面积很少，已经从 20 世纪 60 年代的 5000 余亩锐减为 400 亩。红树林的分布也从海沧、东屿、高崎、集美、同安等地萎缩到东屿、凤林湾、海沧青礁堤岸沿线。

东屿一带的红树林内栖息着大量的鸟类。厦门大学生命科学学院于 2001 年 1 月至 2003 年 3 月对东屿红树林湿地鸟类做过调查，共有鸟类 8 目 27 科 97 种。其中，冬候鸟 38 种、留鸟 32 种、旅鸟 22 种、夏候鸟 5 种；古北种鸟类 57 种，东洋种 25 种，广布种 15 种；主要以水鸟为主，有 55 种，占 56.7%。

第四节　经　营

东屿村民世代以讨海为生，渔业传统悠久，海产品十分丰富。从 20 世纪 80 年代开始，东屿的海鲜就源源不断地供应到岛内的酒店和农贸市场。后来，个别的渔民在自家开办饮食小店，供应自产的海鲜，获得了食客的青睐。由于回头客越来越多，原本的小店已容纳不下，于是他们扩大规模，开起多家海鲜酒楼，打出了"东屿海鲜一条街"的招牌，吸引了越来越多慕名而来的食客。

发展概况

东屿村最早的家庭式海鲜饮食店名叫计花饭店，由村民许计花在自家做小炒，为村民家中来客时送菜。因其物美价廉，久而久之，计花饭店便有了一定的名声，且带动了东屿村其他海鲜酒家的蓬勃发展。

据介绍，20 世纪 80 年代，东屿海鲜一条街所在的地方还是村民围海堤养鱼的鱼塘，俗称"内海仔"。后来，村民开始填海建房，渐渐发展成今天的模样。1999 年，村北路（也称"12 米路"）开始拓宽改造，路两侧几家正规的海鲜酒店开始挂牌营业。其中最早开的是亚宾酒店，后来东屿海鲜大酒楼、佳华酒店、松发酒店也相继开张。

2000 年之前，海沧大桥还没有建成，水陆交通较为不便，从厦门岛来的顾客要取道集美、杏林或在第一码头乘坐客船摆渡来品尝海鲜。后来，海沧大桥通车，村北路改造完成，交通比原来方便许多，来东屿品尝海鲜的食客也越来越多了。东屿村海鲜酒楼如雨后春笋般纷纷开张，海鲜一条街的规模基本形成，遂被称为"东屿海鲜一条街"。该街位于东屿村北部，南北走向，与滨湖北路垂直相交，总长千余米。至 2007 年，东屿村有海鲜大排档、酒家 20 余家。其中，规模较大的有顺友海鲜大酒楼、东屿海鲜大酒楼、雅宾酒楼、佳华酒家、佳味鲜酒家等。每家除大厅席外，均有 20 个以上包间。每逢

村北路海鲜一条街

节假日，各家酒楼都会出现顾客爆满的状况。

随着顾客数量越来越多，车辆也越来越拥挤，村北路海鲜酒楼停车不便的问题日益凸显。特别是在厦门西海域开始整治、海沧大道建成之后，有一些精明的店家看中了海沧大道两侧夜景漂亮、交通方便、场地较大的优点，在海沧大道旁边摆上了海鲜大排档，把餐桌从村里的一条街摆到了海沧大道旁，许多食客也寻味而来。食客们一边欣赏夜景，一边品尝海鲜，吹着海风，喝着啤酒，十分惬意。

后来，由于海沧大道的海鲜排档点增多、经营分散、卫生条件不佳，村委李亚平建议海沧镇在海沧大道旁专门规划两个场地，让店家集中经营，形成规模效应。场地规划后，海鲜排档的卫生条件改善了许多。此外，由于规模大、经营集中，效益也较好。目前有姐妹大排档、阿目大排档、阿狗大排档、兄弟大排档、三姐妹大排档、青海大

海沧大道旁的海鲜大排档

排档、新美华大排档、英杰大排档、阿迪大排档、丽珠大排档、阿丽大排档、东海渔村大排档、海湾大排档、英福大排档和双庆大排档等。

随着海沧新城建设的推进，东屿村面临拆迁，现在村里的海鲜酒楼已经所剩不多。海湾大酒楼、东屿海鲜大酒楼、佳味鲜大酒楼、佳华酒家、亚宾酒家和顺友大酒楼这几家还在经营，其他的酒楼已搬往他处。东屿海鲜一条街将何去何从？许多人都担心它会消失。不过，据村民介绍，东屿村有村民联名提出："东屿海鲜一条街是东屿村村民的主要生活来源，也是吸收剩余劳动力的有效途径，希望政府能保留；或另选一个较适合的地点，让东屿海鲜一条街发展壮大。"这条议案引起了区政府的重视。据悉，区政府表示："东屿海鲜一条街在全市已有一定影响，在增加村民收入、促进就业方面起到了积极作用，关于保留东屿海鲜一条街的建议，政府将专题研究该建议的可行性，并提出解决办法。"这意味着东屿海鲜一条街有望保留并传承下去，实现浴火重生。

特色海鲜

由于东屿盛产海鲜，海鲜酒楼的货源充足，各家酒楼还经常从外地进口特色海产，因此东屿海鲜可谓是品种齐全、应有尽有，再加上厨师烹饪海鲜时多以保留原生态的鲜味为主，使东屿海鲜更显原汁原味、鲜美爽口。

在种类繁多、琳琅满目的海鲜中，最受食客们欢迎的且名声在外的当属"海沧三宝"。此"三宝"就是土龙汤、土笋冻和白灼章鱼。这三道特色美食是往来食客的必点菜肴。

土龙汤

土龙属鳗鱼科，学名"食蟹豆齿鳗"，身体长，尾巴短而圆，腹部为黄色，背部颜色较黑。顾名思义，这东西连螃蟹都吃得下，可见其生性凶猛。它们也是养蛏的渔民最痛恨的"土匪"，在立夏前后经常窜进养蛏的埕中偷吃蛏苗，到秋季后再退到海中越冬。过去，蛏农还会用药物来毒杀它们。

土龙汤

土龙较难人工养殖，多为野生，故营养丰富，身价不凡。闽南沿海一带普遍认为土龙能强筋壮骨，所以凡是摔伤、骨折、筋骨酸痛的人必定想到要吃一帖药膳土龙或喝土龙药酒。富裕人家总会为媳妇或女儿浸一坛土龙药酒，以备生产坐月子时滋养身体。

除了入药以外，土龙最好的烹饪方法就是做汤。与鳗鱼不同，土龙的头和尾巴都是圆的，而且骨头较多，所以更适合炖汤。土龙汤是"海沧三宝"之一，也是东屿海鲜一条街的招牌菜之一，许多食客都是慕名而来品尝土龙汤的。土龙汤做起来很有讲究，先要用80℃的热水去除土龙表面的黏液，再清理内脏。与一般杀鱼的方法不同，土龙的肚子一定不能打开，内脏要从嘴巴处抽取出来。必须确保土龙下到锅里还是活的，如此做出的土龙汤味道最佳。然后，在炖锅里加入猪排骨、猪尾巴、当归、熟地、茯苓、红枣等配料，再辅以几种调味佐料，用大火炖上 2~3 个小时，一锅热气腾腾的土龙汤就出炉了。土龙肉质细腻，汤头香醇甘甜，既美味又营养，着实引人垂涎。

土笋冻

东屿村的土笋冻也堪称一宝。土笋冻是一款色香味俱佳的特色小吃，其制作工艺在闽南一带流传的历史十分悠久。虽然泉州、漳州等沿海一带也有，但要说正宗还数厦门海沧。晶莹剔透的土笋冻装在白瓷碗里，看着赏心悦目，吃起来更是清脆爽口，是往来食客必点的一道菜肴。

以前，东屿的滩涂上曾经盛产制作土笋冻的原材料——土笋。土笋是野生于沿海江河入海处咸淡水交汇的滩涂上，学名叫"可口革囊星虫"的一种环节动物，富含胶质，外形粗陋，颜色黑褐，具有滋阴、补肾、去火的食疗作用，被誉为"动物人参"。土笋冻就是用它加工而成的冻品。

土笋冻的制作过程十分讲究。

一是选料。土笋几乎是野生的，家养很难。即便是家养，也

未加工的土笋

只能到海边挖土笋苗来进一步喂养。所以，土笋基本上可算是不可再生的，现在其产量也越来越少。闽东沿海一带的土笋苗比较多，而且较大，现在海沧制作的土笋冻的原料很大一部分是从那边进的。

二进入清洗和碾压工序。收购来的活土笋是粘着不少泥巴的，清洗工作很关键。操作者把土笋倒在操作板上，在水流的配合下，用双手一小把一小把摸过去，去除土笋表面的杂质，随后将其体内泥土漂洗干净，呈白亮时方可捞起。将鼻子跟身体差不多长的土笋清洗好后，就要去除它肚子里的内脏。最早时是用脚踩，现在则用石轮模样的简易工具碾，把土笋的血和内脏碾压出来。之后，操作员把压除内脏的土笋，放进水盆中反复洗上七八次，直到洗净为止。

　　三是煮土笋，将土笋和水按照比例放入大铁锅中猛火熬煮两三分钟左右，无须添加任何其他配料，但一定要掌握好火候。土笋身上的胶原蛋白便溶化入开水中成黏糊状。

　　煮好的土笋汤出锅后，就可以按要求，或装大碗或装小碗，或方块状或圆状。如果是冬天，在常温下放置一些时间，土笋就结冻，变为了成品。如果是天气较热时，就要放进冰箱，制冷一两个小时才能变成品。成品的土笋冻个个颜色白润、晶莹剔透，其肉清，味美甘鲜，清香软嫩，滑溜爽口。配上酱油、白醋、甜酱、辣酱、芥辣、蒜蓉、海蜇及芫荽、白萝卜丝、辣椒丝、番茄片等，就成了色香味俱佳的风味小吃。

　　土笋冻的由来，传说和民族英雄郑成功有关。当年郑成功奉命攻打台湾之时，曾经有一段时间粮草紧缺，但他治军严明，坚持不

用石碾将土笋内脏清理干净

制作完成的土笋冻

接受老百姓的任何资助。好在驻军所在地离海滩很近，将士们便经常到海边找东西来改善伙食，结果挖出大量土笋，但郑成功还是舍不得多吃，每日仅食用以土笋煮成的汤。然而，百事缠身、忧国忧民的郑成功为了早日收复台湾，经常忘记用餐，连土笋煮成的汤也没有多喝，手下将士只好热了又热。有一天，郑成功见了，因不想给将士多添麻烦，便将已凝成冻的汤一饮而尽，没想到味道居然非常妙，遂称为土笋冻。从此，土笋冻的做法逐渐流传开来，经后人不断改进制作方法及佐料，形成了现在广为人知的海沧美食之一。

据调查，明朝屠本峻的《闽中海错疏》和清初周亮工的《闽小记》都有关于土笋冻的记载，前者素描："其形如笋而小，生江中，形丑味甘。一名土笋。"后者道："予在闽常食土笋冻，味甚鲜异，但闻其生在海滨，形似蚯蚓……"说明在明清时，土笋冻已是闽南沿海人家桌上的家常菜了。

土笋冻不仅口感美妙，还是一种温补品，东屿村里坐月子的妇女还用土笋冻煮面线来补身子。土笋冻流传甚广，许多回乡探亲的华侨专门赶来买，然后带回中国台湾、香港和澳门特别行政区及新加坡等地，作当礼物送给亲朋。有闽南歌曲唱道："土笋冻呀土笋冻，最最好吃真正港（正宗），天脚（底）下，笼（全）都真稀罕，独独咱家乡出这项。""酸醋芥末芫荽香，鸡鸭鱼肉阮（我）都无稀罕，特别爱咱家乡土笋冻，哇，哇，想做土笋冻。"这样一首口口相传的歌谣，更为土笋冻增添了文化内涵和韵味。

白灼章鱼

小章鱼也是东屿海鲜的"三宝"之一，最时兴的吃法是白灼。上等白灼小章鱼的材料必须是新鲜的，冰冻的不适合这种做法。

用米筛将新鲜的小章鱼身上的黏液磨洗干净，再放入清水中浸泡；烹饪时，开水下锅，烫熟即捞起，不能

白灼章鱼

过火；起锅后将章鱼浸入冰水，用筷子搅一搅，使其凉透；这样做出来的原汁原味的小章鱼，口感脆、嫩、爽，很有嚼头。再配上调制好的酱料，酸甜萝卜丝、芫荽等小菜，一盘美味就诞生了。

海沧三宝名声在外，海沧区民政局老龄办的陈仲彪老师还专门填词谱曲创作了一首歌曲——《海沧三宝》：

海沧有三宝，三宝名声好！要吃海鲜来海沧，章鱼、土笋冻、土龙汤，要吃海鲜来海沧，要吃海鲜来海沧。

章鱼啊章鱼，白洒章鱼白苍苍，章鱼啊章鱼，大汉小汉流嘴烂。靠一声真脆甘，靠一声真正港，哎呀呀呀，正港章鱼啊，有声有雪好口感。来一块章鱼，搁一块章鱼，哎呀呀呀海沧章鱼啊，哪无吃料真不甘。讲正港，是章鱼，白洒章鱼白苍苍。一块一块真煞嘴，口味纯正好口感。免加油来免加葱，清清白白对待人。章鱼是宝人学老，咦，亲像是……亲像啥？亲像海沧开明的人！

土笋冻啊土笋冻，归块土笋Q搁甘，土笋冻啊土笋冻，老人孩子拢归碗旁。吸一嘴煞归块吞，搁一嘴真甜甘，哎呀呀呀QQ土笋

冻啊，无骨无术真清凉。来一块土笋冻，搁一块土笋冻，哎呀呀呀海沧土笋冻啊，清凉退火真轻松。讲清凉，土笋冻，吃着QQ甜搁甘。寒天热天拢正味，烧菜冷盘拢合它，烧冷淡干青菜斗，欢喜斗阵一家人。土笋冻是宝人学老，咦，亲像是……亲像啥？亲像海沧随和的人！

　　土龙汤啊土龙汤，归尾土龙香味远，土龙汤啊土龙汤，和尚闻到走入门。吸一嘴煞呛鼻孔，搁一嘴，香搁甘，哎呀呀呀药膳土龙汤啊，药力串筋又串骨。来一嘴土龙汤，搁一嘴土龙汤，哎呀呀呀海沧土龙汤啊，滋阴补阳效果长。讲正气，土龙汤，味正自然香味远。汤头浊来汤头香，可比有名的佛跳墙。绿色食品顾元气，正气自在人轻松。土龙汤是宝人学老，咦，亲像是……亲像啥？亲像海沧高尚的人！

　　海沧有三宝，三宝名声好！要吃海鲜来海沧，正港的海沧章鱼、土笋冻、香贡贡的土龙汤。

　　除了以上介绍的"海沧三宝"之外，东屿海鲜酒楼还有用新鲜的海蛎、螃蟹、海蛏、海瓜子等海产品制作的海鲜佳肴。难怪无论是节假日还是工作日，在宽敞的海沧大道边上都会停满小轿车，前来品尝美味的食客从工薪阶层到百万富翁都有。东屿海鲜已然成为一块金光闪闪的招牌。

后　记

　　山川之毓秀，古来共谈；时代之沧桑，贤愚皆惊。如今的我们，也正处在一个大变革的时代。这一时代，既是中国不断走向城市化，走向和平崛起的一个时代，同时也是我们的思想观念或者文化意识不断进行着更新，且探索新的存在价值的一个时代。历史的发展是不断向前的，但是我们却不得不去回顾历史的曲折，不得不依托于我们的根源意识，尝试着由此而发掘出激励我们更为合理地向前、更为顺畅地向前的历史文化资源。

　　乡村曾经是中国的原生态的典范，乡土意识曾经是中国人的根源意识，乡土中国的变迁也正是 20 世纪后期以来中国所面临的最大的历史事件。我们之所以要编辑撰写"风土海沧"民俗调查丛书，其根本契机也就是基于这样一个历史大事件的宏大背景。

　　东屿村留给我最为深刻的印象之一，就是夕阳西下，留下榕树斑驳的树影，弯弯曲曲的村中小路，一位骑着自行车的人，手托着盛满了土笋冻的托盘，逐渐远去，消失在一片光影之中。时光仿佛在那一瞬间停止了步伐，也在我的记忆之中留下了永恒。这一段画面，可以说也最为直接地阐述了东屿村的表象：夕阳下逐渐消失的村落；数百年的榕树留下了历史的记忆；村中小路记载着过去的不平凡的岁月；骑着自行车的人，抒写着村落舒缓而悠闲的步伐；一手托起的托盘，隐喻地反衬出海边渔村残留的痕迹。一切皆消失在了光影之中，仿佛在述说着这样的村落、榕树、小路、自行车、托盘所构建起来的乡村记忆，也不过是历史长河中的一段印象。

就在我撰写这一段文字的时候，东屿村的改造与搬迁也步入重要的阶段。我或许再也找不到留在我的脑海中的这一段物象，也无法进一步追忆那一时刻自己内心的感受。过去的海边渔村，如今为耸立的高楼大厦所替代；过去的崎岖小路，如今为柏油大道所取代；过去的牡蛎壳所堆砌的湖畔海边，如今逐渐树立起了不少新奇的建筑。我不知道一个村落的变迁、一个海边渔村的消失，会给东屿村的人们留下什么情绪，至少作为一个旁观者，我的心中始终无法平静下来。

事实上，我们也并不是单纯的旁观者，或许，我们也是一批不甘寂寞、不愿旁观的人。东屿村的乡土调查，也正是基于这样的一种情绪。沧海桑田，时不我待，若是不去采访村落的前贤智者，若是不去收集整理这样的村落的文献资料，而是放任它消失在历史的长河之中，或许我们会因此而后悔不已，抱憾一生。

东屿村的调查活动开始于 2011 年 10 月，就在《风土海沧·水美钟山卷》的调查活动结束之后。《风土海沧·水美钟山卷》一册的出版，给予了我们极大的信心与无穷的动力，也驱使着我们进一步深入，将之前计划的十卷本的乡土调查继续下去。为此，海沧文化馆黄达绥馆长率领林致平顾问、刘丽萍女士等为数不多的调研人员，多次深入村落采访，收集与撰写了不少文献资料。待到一系列文献资料收集整理之后，我们再次汇集一起，畅所欲言，共同讨论，围绕文章体例、标题目录、图片文字、前言后记展开了探讨。就在这样一种紧张感与迫切感之中，本卷的编辑整理得以完成。

在此，我们要衷心感谢为本次调查提供支持与帮助的人士。厦门市图书馆原副馆长江林宣、海沧区政协廖艺聪委员为我们提供了姓氏宗祠、名人乡贤等一系列珍贵资料；市博物馆陈文研究员提供了不可移动文物点的简介；东屿村文体协管员杨素兰女士按照调查提纲为我们积极联络采访人，并认真安排了采访时间、地点，为我们解决了不少困难；柯于恭先生多次接受我们的采访，并主动将他整理的村史、柯姓源流等文字资料送给我们参考；柯奋斗先生为我们详细讲述了海产养殖的技术，并亲自带着调查人员下海拍摄海蛎、海蛏养殖的图片；李亚平、李亚传、柯新民、谢中元、柯天助、李来国、柯志超、张心顺等东屿村人士也在百忙之中接受了我们的采访，并尽其所能为我们口述了大量的民俗资料。正是这些热心人士的大力支持和无私帮助，才使本辑的编撰得以顺利完成，在此我们致以衷心的感谢。

中国人类学家费孝通教授曾经指出：人类学是为"文化自觉"而设立的学问。我们不知道本辑的编撰对于保留乡村民俗资料能否发挥出一点微薄之力，但是我们认为这也可以称之为一场"文化自觉""文化之根的觉悟"，同时也是我们自身存在的觉悟。尤其是对于我们全体编者而言，成书之中的酸甜苦辣始终难以忘怀，也必将成为我们人生之中不可磨灭的记忆。

　　本辑编撰时间仓促，水平有限，出现的遗漏或者疏忽之处，敬请予以理解，并恳请有识之士批评指正。

编　者

2013 年 4 月 26 日